JN121016

JD ブックレット5
日本障害者協議会 編

国際障害者年から40年の軌跡

障害のある人の分岐点

障害者権利条約に恥をかかせないで

藤井克徳 著

やどかり出版

恥をかかせないで

ふじい　かつのり　作

2006年12月13日，それはわたしの誕生日．
生まれたところは，ニューヨークの国連議場だった．
ようやくあこがれの日本にたどりついた．
思わずガッツポーズをつくってしまった．

わたしをどんなふうに迎え入れてくれるのか，楽しみだ．
日本の憲法は，条約を守るとうたっている．
一般の法律の上座に座れるらしい．
すごい力持ちになれそうだ．

正直いうと上座なんかどうでもいい，いばりたくもない．
とにかく思いっきり働かせてほしい．
そうすれば変わるにちがいない．
障害のある人のくらしぶりが，社会の土台が，人の心だって．

わたしは夢をみるのが大好き．
ガラガラと障壁がくずれていく．
空気がぬけるように差別がちぢんでいく．
まち全体が笑いはじめる．そしてゆったりとしてくる．

夢からさめたとたんに，不安がにじりよってきた．
日本には条約を軽くみる風潮が根強い．
守られていない人権条約は今もいっぱい．
いっぱいの中の一つになってしまうのか．

わたしは負けない．
たくさんの，「がんばって！」のつぶやきがきこえるから．
わたし自身が自信を失いたくないから．
日本のみなさん，わたしに恥をかかせないで．

障害者権利条約に恥をかかせないで．

JD ブックレット発刊にあたって

　2014年1月，日本は141番目（EUを含む）の障害者権利条約締約国になりました．

　「Nothing About Us Without Us！（私たち抜きに私たちのことを決めないで）」．障害者権利条約についての議論が白熱する中で，この言葉が国際連合（以下，国連）の議場で響き渡っていたといいます．そして，批准国となった日本でも，多くの人たちがさまざまな機会にこのフレーズを繰り返しています．

　日本障害者協議会（JD）は，日本が障害者権利条約を批准した記念すべき時に，「JDブックレット」を刊行することにいたしました．

　国連・国際障害者年（1981年）を日本で成功させようと，それまで個別の活動をしていた多くの障害関連団体が大同団結して結成されたJDにとって，この障害者権利条約の批准は，新たなスタートの時でもあります．

　JDは障害のある人たちの「完全参加と平等」「ノーマライゼーション」の実現をめざしてきました．そして，JDの広報誌のタイトルにもある「すべての人の社会」は，障害者権利条約の中に繰り返し出てくる「他の者との平等」が実現された社会を表しています．

　JDブックレットでは「すべての人の社会」の実現に向けて，障害のある人の実態や社会の中で解決すべき課題を幅広くとりあげていきたいと考えています．障害者権利条約が指し示す方向性と日本の障害のある人が置かれている現状には，まだまだ大きな乖離があることも事実です．障害者権利条約批准国の名に恥じぬ日本の障害者施策の水準を押し上げていく運動を推進してきたJDの役割は，これ

まで以上に重要になっていくと考えています.

　本ブックレットが日本の障害者施策を障害者権利条約の水準に押し上げていくための運動の一助となれれば望外の幸せです.

　障害者権利条約元年に生まれた JD ブックレットを,皆様のお力で育てていただければと願っております.

　2014年5月

NPO 法人日本障害者協議会

まえがき

　1981年の国際障害者年以降を中心に，この40年間の障害分野の出来事を速足でたどってみました．「まさに歴史が動いた時ですね」「あのことが今につながっているんだ」「そう言えば思い出しましたよ」等々，掲げた出来事の一つひとつにそんなことを感じさせられるのではないでしょうか．言い方を変えれば，ターニングポイントのオンパレードなのです．時系列で連なるさまざまな項目は，さながら「近年障害分野早わかり版」と言っていいかもしれません．

　資料編でもなければ論文でもありません．あえて言えば，小論稿とエッセイを掛け合わせたようなものでしょうか．主な出来事の解説や評価を特徴としていますが，全体を一つの読み物として通読してもらうのもいいかもしれません．また手元に置いてもらい，過去を探る時や自身の気付きの底辺を広げる上などで役立ててもらえればうれしい限りです．

　「誰に読んでほしいですか」と問われたら，すかさず「若者に」と返します．先の「早わかり版」ではありませんが，大事な出来事を大掴みするには手ごろかと思います．と同時に，中堅やベテラン，専門職のみなさんに読んでいただくのにも耐えられるはずです．おそらく，いずれの出来事にもたまらない懐かしさを覚えるのではないでしょうか．若者も，中堅・ベテラン組も，物足りなさを覚えたらしめたものです．本書を入り口に，関連書籍や論文に触手を伸ばしてみてはいかがでしょう．

　本書の企画は，元はと言えば，NPO法人日本障害者協議会（JD）の今年の第1回連続講座（2021年1月）がきっかけでした．講座

のタイトルは，「国際障害者年から40年—障害者施策と運動の歩みを検証する」です．話したことをそのまま書いてもらえればという注文でした．しかし，話すのと文字にするのは大違いで，実際には書下ろしとなりました．記憶と資料を手掛かりに，過去に分け入るのです．2か月間弱の集中作業でしたが，結果的に，自身のふり返りにとっても格別の時間となりました．

　当分収まりそうにない新型コロナウイルス感染拡大の問題についてもひと言触れておきます．私たちが危機意識や嫌悪感を覚えるのは，「コロナ差別」（感染者や医療関係者などに対する差別的な言動）やいわゆるトリアージ（医療資源の使用順位をめぐって，障害者や高齢者が後回しになること）の問題です．障害分野が培ってきた到達点に，一つの方向を見い出せるのではないでしょうか．本書の中にもヒントや視座が埋め込まれていると思います．

　どうか，最終ページまでたどり着いていただくことを期待します．

2021年11月

NPO法人日本障害者協議会代表

藤井克徳

7

目　次

JD ブックレット発刊にあたって　3
まえがき　5

本文に入る前に ……………………………………9
国際障害者年の魅力と威力　9
未来のためのふり返り　11

序章　国際障害者年以前のこと ……………13
悔やみきれない優生保護法問題　13
復興の波に乗れなかった障害分野　16
徐々に進む法体系の整備　17
二つの体験　19
置き去りにされた沖縄　20
大切な役割を担った障害団体　23

第Ⅰ章　第一期（1981年〜1990年） ………26
先達者の心に浮かんでいたこと　28
障害分野初の長期政策　30
初の市民運動による駅舎エレベーター　32
国際的に問題視された宇都宮病院事件　33
障害基礎年金の創設　35
グループホーム制度の創設　37

第Ⅱ章　第二期（1991年〜2000年） ………39
列島縦断キャラバンと市町村網の目キャラバン　39
ILO 第159号条約の批准で新たな方向　41
アジア太平洋障害者の十年　43

心身障害者対策基本法から障害者基本法へ　45

矢継ぎ早の精神保健法の二度の改正　47

数値目標入りの障害者プラン　49

社会福祉基礎構造改革　51

第Ⅲ章　第三期（2001年〜2010年）　　　53

障害者権利条約の提唱と日本政府の対応　53

日本障害フォーラムの設立　55

障害者自立支援法　57

障害者権利条約の採択と「3・5事件」　59

安永健太さん事件　61

基本合意文書　62

障がい者制度改革推進会議　65

第Ⅳ章　第四期（2011年〜2020年）　　　67

東日本大震災と障害者　68

55人で練り上げた骨格提言　69

トーンダウンの障害者差別解消法　71

国連第7回障害者権利条約締約国会議への参加　73

やまゆり園事件　74

障害者排除の水増し雇用　76

立ち上がった優生被害者　78

鉄道駅の無人化問題　80

資料　　　83

表　1979年以前の障害者施策の動き　84

障害のある人の分岐点　年表　88

あとがきに代えて　133

著者紹介　137

表紙デザイン　宗野政美

本文に入る前に

◆国際障害者年の魅力と威力

　1981年の国際障害者年の力は格別でした．私たちは，国際障害
者年を「日本の障害分野の黒船」と例えてきましたが，決して誇張
ではありません．それどころか，黒船の本来の意味が最も似つかわ
しい事象の一つではないでしょうか．

　このことは，国際障害者年の前と後を比べれば一目瞭然です．障
害関連政策の水準はもちろんのこと，当事者活動を含む民間団体の
動き，市民社会やメディアの障害分野への向き合い方，海外との交
流，大学教育などでの位置付けなど，どこをとってみても隔世の感
があります．

　国際障害者年の魅力と威力とは何かですが，大きく見て三点あげ
られます．一つ目は，国際障害者年に関する国連の決議や方針がも
たらした力です．例えば，「一部の構成員をしめ出す社会は弱くも
ろい」「障害者は特別の市民ではなく，特別のニーズを持つ普通の
市民である」などのフレーズは，国際障害者年に関連した国連決議
（1979）の一節です．合わせて，国際障害者年に続く「国連・障害
者の十年」（1983〜1992）も，日本の障害分野を改革していく上で
大きな追い風となりました．

　二つ目は，海外との本格的な交流の新たなきっかけになったこと
です．国連の動きに加えて，欧米を中心とする海外の障害分野に関
する情報が堰を切ったように流入してきました．情報だけではな

く，大切な理念や原則が身近に感じられるようになったのです．今ではなじみになっているノーマライゼーションやリハビリテーション，QOLなどがそうです．それまでも耳にすることはありましたが，より正確で広範に用いられるようになったのは，国際障害者年が節目となりました．海外から関係者を招いたり，日本からの派遣や訪問も一気に増え始めました．

　三つ目は，官民のそれぞれが，また一体となって，「国際障害者年を大切にしよう」という気運を醸成させたことです．政府レベルでは，総理府（現在の内閣府）に国際障害者年推進本部（1980年3月25日に閣議決定，本部長は内閣総理大臣）が設置され，その下で具体的な推進体制として国際障害者年担当室が設けられました．民間レベルでは，障害関連団体の大同団結を目的とした国際障害者年日本推進協議会（現在のNPO法人日本障害者協議会，JD）が誕生しました．

　ところで，歴史的な節目となった国際障害者年ですが，それは偶然や突然ではなく，またそれ単独で出現したものではありません．そこに至るまでには，二つの重要な背景がありました．これらの背景は，国際障害者年の本質を理解する上で欠かせないだけではなく，今日，世界の障害分野にとっての金字塔となっている障害者権利条約（権利条約）の源流をたどる上からも重要です．

　背景の一つは国連で取りまとめてきた障害分野に関するいくつもの成果物です．とくに重要なのが，知的障害者の権利宣言（1971）と障害者の権利宣言（1975）です．二つ目は，先行した他の人権擁護年です．国際婦人（女性）年（1975）と国際児童年（1979）の刺激は少なくなく，これらに導かれたと言っていいと思います．

　なお，国際障害者年を語る時に，記憶に留めておいてほしいことがあります．それは国際障害者年の提唱者についてです．表向きの提唱者は，カダフィー大佐が率いるリビア国ですが，実質的にはリビアのマンスール・ラシッド・キヒアの貢献が大きかったのです．キヒアは，外務大臣を経た後，1976年の国連大使時代に国際障害

者年を提唱しました．提唱だけではなく，国際障害者年につながる
大切ないくつかの国連決議の採択のイニシアティブを取りました．
しかし，その末路はあまりに悲惨でした．国際障害者年への道すじ
が明確になったことを見届けた後，キヒアはリビアの国連大使を辞
することになります．そして，母国での独裁政権を憂い，米国に留
まることになりました．その後，カダフィー政権の工作員により，
1993年にエジプト（国際会議に参加）で拉致され，その直後に殺害
されました．2011年にカダフィー政権は崩壊し，その翌年にリビ
アの首都トリポリでキヒアの遺体が確認されています．キヒアは，
間違いなく障害分野の「歴史を動かした人」の一人にあげられます
（長瀬修より情報提供）．

◆未来のためのふり返り

　時は流れました．1981年の国際障害者年から40年余を経過しま
した．「もう40年」「まだ40年」の二つの感覚が交錯します．「もう」か，
「まだ」かの感じ方は別として，この時点で国際障害者年以降の40
年間をふり返る意義は少なくありません．一般的に，過去をふり返
ることは，存在した出来事や事象に意味付けを行なうことです．歴
史の意味付けは，ふり返る時期によっても異なりますが，「40年間」
というのは，それほど記憶から遠くはなく，一方で，ある程度時間
を経た事象については冷静に見つめることができるのではないでし
ょうか．いい頃合いかと思います．次の大きな節目は半世紀になる
ように思います．それに向けての準備作業にもなるはずです．
　過去のふり返りにはもう一つ大きな意味があります．それは，障
害分野の未来を展望する上で，足場を固め直すということです．過
去の見立てがあいまいであれば，足場は定まりません．グラグラし
た足場の上に，まともな未来はイメージしにくいと思います．障害
のある人にとって確信や希望の持てる未来を描くためにも，過去の
ふり返りは省けないのです．

　とは言え，40年間というのはあまりに大き過ぎる時の塊です．そのうちのどこか1年間だけを切り取ったとしても，大切な動きがひしめくのです．限られた紙幅で，全体をふり返ることは不可能です．そこで，何を取り上げるかについての目安を設けることにしました．具体的には，①障害の種別に共通するテーマで，かつ忘れてはならない大切なこと，②政策面でのターニングポイントや布石となったこと，③国際的に見て重要なこと，の三点です．

　なお，これらの目安に該当すると思われながら抜け落ちてしまうものもたくさんあります．それらは巻末の資料で補うことにしました．その点で，年表の個々の項目は，本文に匹敵する価値があるのだということを強調しておきます．

　全体の構成についてですが，まずは序章で国際障害者年前史に簡単に触れておきます．その上で本論となりますが，読みやすくするために，40年間を10年ごとの四期に区分けしています．各期の記述の順番は，時系列を基本としています．最後に，わずかな紙幅しか割けませんが，「あとがきに代えて」として，読者のみなさんと本書との関係や今後の課題を織り込んでのまとめのような内容を記しておきました．

　もう一つ断っておかなければなりません．それは，どうしても私見を交えていることです．個々の出来事や事象の評価については，NPO法人日本障害者協議会をはじめ，多くの障害関連団体でオーソライズされたものを踏襲したつもりです．また，年号の明示や公表された数量を織り込むなど，客観性を保つよう努めました．それでも，掲げた出来事の大半が筆者の体験と重なることもあり，記述にリアリティーがある一方で，主観を含んでいるように思われます．読者のみなさんにあっては，まずは事実を正確に押さえ，本書を参考にしながらも，独自の解釈や評価をたくましくするのもいいのではないでしょうか．

　本書が，それぞれの団体において，読者個々において，国際障害者年以降の40年間をふり返る上での一助になることを期待します．

序章

国際障害者年以前のこと

◆悔やみきれない優生保護法問題

　国際障害者年以前の障害分野がどういう状況にあったのか，その特徴を概観しておきたいと思います．その意味は二つあります．一つは，国際障害者年以降と比較する上での視座を得ることであり，もう一つは，日本の障害分野の歴史にあって，忘れてならないことを明確にしておくことです．なお，「以前」といった場合にどこまで遡るかですが，あらゆる面で日本社会の大きな節目となった第二次世界大戦以降（1945年8月15日以降　以下，戦後）としたいと思います．もう一段階遡るとすれば，明治維新以降（1868年以降）となります．個々には大事な動きが散見されます．盲教育・ろう教育の創始であり，精神医療をめぐる動き（「座敷牢の公認」やこれに関する疫学調査など），戦争前夜から戦時下の障害者が置かれていた状況などがそれです．ただし，そこまで遡るとあまりに広範囲となり，本書の目的からも外れることになります．これについては関連の書籍や資料に譲りたいと思います．

　さて，戦後の障害分野ですが，時系列からみて，また，事の重大性からみて，まずあげるべきは優生政策の本格化です．具体的には，優生保護法（1948～1996）の制定です．優生保護法による被害は悲惨かつ甚大で，後の世になって，「優生保護法事件」と名付けられたとしても否定できないのではないでしょうか．日本の人権をめ

ぐる動きにあって，また障害関連政策史上にあって，最大かつ最悪の問題と言い切ることができます．最大かつ最悪の問題が，戦後まもなくの時点で起こってしまったのです．

　優生保護法がもたらした問題点に先立って，この法律の本質に迫ってみましょう．法律の本質は，目的条項に凝縮されるものです（多くは第1条）．優生保護法の目的（第1条）には，「この法律は，優生上の見地から不良な子孫の出生を防止するとともに，母性の生命健康を保護することを目的とする」とあります．問題は前半部分で，「優生上の見地」「不良な子孫」「出生の防止」と，いずれの文節も恐ろしさを禁じ得ません．

　あらためて，優生保護法の問題点を考えてみましょう．三点に集約します．一点目は，被害者がおびただしい数に上ることです．優生手術（卵管や精管の結束などによって，子どもを持てない身体状態にする手術）を受けた者は，厚生省（現在の厚生労働省，厚労省）が調べただけでも，24,993人となっています．そのうちの圧倒的多数は，本人の同意がないまま手術が行なわれています．当時の厚生省通知によると，場合によっては，「身体を拘束してもいい」「麻酔薬を使用してもいい」「ウソをついてもいい」となっています．被害者には明確な特徴があります．精神障害者と知的障害者に集中していること，女性に偏っていること（女性約70%），地域別では北海道（3,224人）と宮城県（1,744人）が群を抜いています．

　二点目は，優生思想が正しい考え方であると法律で認めたことです．前述の優生保護法第1条にある「優生上の見地から」は，「優生思想の上に」と同じ意味です．優生思想の法制化，優生思想の合法化と言っていいでしょう．法律全体の文脈からみて，「精神障害者や知的障害者を中心とする障害者は，世の中に存在しては迷惑だ．すでに生を授かっている者はやむを得ないが，命の次代への継承は許さない」と言っているのです．言い方を変えれば，障害者は，「劣る者」「厄介者」と決めつけ，「消えるべき存在」としています．優生保護法が成立した1948年は，新憲法が施行された翌年にあたり

ます．なぜ新憲法下で，優生思想を法制化するような法律が生まれ
たのか，この点の疑問は解明されていません．

　三点目は，優生保護法がもたらした弊害についてです．この点で
見過ごせないのは，障害関連の立法への影響です．日本の障害関連
の法律の制定は戦後相次ぐことになりますが，その先陣を切ったの
が優生保護法でした．法律にある，「不良」とは障害者を指します．
こうした誤った障害者観が，優生保護法の直後に成立した身体障害
者福祉法（1949）や精神衛生法（1950）など障害関連の法律に影響
しないはずがありません．今も続く精神障害者や知的障害者に対す
る隔離政策（入院・入所中心処遇），障害を理由とした数々の欠格
条項も，優生保護法と無縁とは思えません．

　優生保護法は，国際障害者年を挟んで48年間（1948 ～ 1996）に
わたって日本社会に居座りました．その間，優生政策の正当性や誤
った障害者観は高校の保健体育の教科書にも記載されています．約
半世紀というのは，優生思想を社会に浸透させるには十分な期間で
した．

　なお，日本の優生政策の犠牲者は障害者だけではありませんでし
た．優生保護法には，「本人又は配偶者が，らい疾患に罹り，且つ
子孫にこれが伝染する虞れのあるもの」（第3条）とありました．
厚労省の資料によると，ハンセン病を理由とした優生手術を強いら
れた者は1,551人（これ以外に，人工妊娠中絶は多数）とされてい
ます．ただし，手術を受けた者のすべてが優生保護法に基づくもの
ではなく，療養所側の裁量で行なわれた者も少なくありません．筆
者が親しくしている平沢保治（国立療養所多磨全生園在籍　94歳）
もその一人です．平沢は，「断種手術を受けたのは23歳の時．手術
は優生保護法に基づくものではなく，結婚に際しての交換条件だっ
た」と言います．国は，ハンセン病に対しては一貫して絶対隔離絶
滅政策をとってきました．このこと自体重大な人権侵害ですが，こ
れに重ねての断種政策であったことを忘れてはなりません．

16

◆復興の波に乗れなかった障害分野

　話は前後しますが，もう少し終戦後の全体的な特徴について触れておきます．終戦からしばらくは，文字通りの激動期にあたります．軍国主義を礎とした国家像や社会観は一変しました．具体的には，新憲法（基本的人権，国民主権，平和主義）の下で，またGHQ（連合国軍総司令部）の影響下で，戦争で傷んだ国土の修復に全力が注がれます．戦後復興策と言われるものですが，国家の造り直しと言ったほうが正確かもしれません．

　終戦から国際障害者年までの36年間を詳しく見ていくと，いくつかの節目をみることができます．政府（経済企画庁）発刊の1956年度経済白書には，歴史的なフレーズとなった「もはや戦後ではない」が明記されました．1961年には同じく政府による「所得倍増計画」（向こう10年間で）が唱えられ，時代は復興政策から高度経済成長政策へと移行することになります．経済政策上の節目は何度かあったとされていますが，市民感覚としての節目は，何と言っても1964年の東京オリンピックではないでしょうか．新幹線や高速道路など大型の社会インフラが一気に整備され，明らかに時代の転換を感じさせました．

　問題は，障害関連政策がどうなったかです．結論から言えば，復興策全体の波に乗ることはできませんでした．それどころか，復興策の前提となる食糧難問題の前に苦しい立場に立たされます．実は，前述の優生保護法を推進する決め手となった論理の一つが，「逆淘汰説」でした．国は，食糧難に伴い産児制限を国民に呼びかけますが，その一方で，「障害者は産児制限ができなかろう．強制的に不妊手術を施す必要がある．そうでないと国民に占める不良な子孫の割合が増えてしまう」としました．こうした障害者の割合が増えるとするとらえ方を，逆淘汰説と言ったのです．

　優生保護法で明示した「不良な子孫」とする障害者観は，復興策

にあってより厳しい状況に追い込まれます．「復興策の足手まとい」
の存在とされたのです．ここで一つ押さえておくことがあります．
それは，戦後の時点で，いきなり誤った障害者観や「足手まとい論」
が顔を出したわけではありません．戦前から戦時中にかけて障害者
に浴びせられた「ごくつぶし」（食べるだけで役に立たない）や「非
国民」などが大きく影響しているのです．本来であれば，終戦とい
う新たなステージで，障害者観も一変させなければなりませんでし
た．しかし，社会全体の極貧状態は，戦時中も戦後も大差はなく，
障害者の多くは引き続き鬱陶しい存在として社会の最下層に位置付
けられることになります．

　看過できないのは，戦前から戦時中，そして終戦後に持ち越され
た誤った障害者観を優生保護法でわざわざ再確認（公認）し，固定
化したことです．国会と政府の責任は重大です．

◆徐々に進む法体系の整備

　一筋縄とはいかないにせよ，日本社会全体としては新憲法下で
徐々に発展，成長を続けることになります．一方で障害分野は，終
戦後の早い段階で，優生保護法という重石を課せられることになり
ます．重石を引きずりながら，社会全体の発展や成長から置き去り
にされまいと努めますが，容易ではありませんでした．大きくとら
えれば，絶えず後回しになったと言っていいと思います．

　それでも，障害分野の視点から時代を動かす人たち（官民ともに）
がいました．少しずつ障害関連法律の整備が図られることになりま
す．ここで，終戦から国際障害者年までの36年間に成立した障害
者を主対象とした法律を見ていきましょう．

　最初の法律は，くり返し述べている優生保護法（1948）です．そ
の直後に，身体障害者福祉法（1949）と精神障害者を対象とした精
神衛生法(1950　現在の精神保健及び精神障害者福祉に関する法律)
の二つが成立しています．これらは，今日の障害関連政策の原形に

つながります．例えば，身体障害者福祉法の主要素である等級制度
や手帳制度，鉄道料金等の割引制度などは，法の制定のすぐ後から
実施されています．制定過程では，日本の有識者が関わっています
が，GHQ（実質的には米国政府）の影響も少なくないとされてい
ます．詳しく知りたい人には，厚生省社会局更生課（現在の厚労省
障害保健福祉部企画課）・松本征二編の「身体障害者福祉法解説」
（1951）ならびに丸山一郎著の「障害者施策の発展－身体障害者福
祉法の半世紀」（中央法規出版，1998）の一読を勧めます．

　他方，精神衛生法は，遠く明治期や大正期に制定された精神病者
監護法(1900　「座敷牢」を公認した法律)ならびに精神病院法(1919)
の要素を合体した法律とされています．「座敷牢」は禁止されまし
たが，社会防衛策の色彩の濃い法律でした．すなわち，精神障害者
の人権擁護よりは，精神障害者から社会を守るという考え方が強く，
医療中心，入院中心政策の根拠となるものでした．

　これらの法律の後は，少し間を置くことになります．次に成立し
たのは，精神薄弱者福祉法（1960　現在の知的障害者福祉法）と身
体障害者雇用促進法（1960　現在の障害者の雇用の促進等に関する
法律）の二つとなります．

　1970年に制定されたのが，障害者政策の理念や方向性を定めた
心身障害者対策基本法（現在の障害者基本法）です．致命的な欠陥
だったのが精神障害者を省いていたことでした．また，先行した優
生保護法と重なるのが「心身障害者の発生の予防に関する基本的施
策」（第9条）です．他に気になる条文として，「国及び地方公共団
体は，重度の心身障害があり，自立することの著しく困難な心身障
害者について，終生にわたり必要な保護等を行なうよう努めなけれ
ばならない」（第11条），「心身障害者の父母その他心身障害者の養
護に当たる者がその死後における心身障害者の生活について懸念す
ることのないよう特に配慮がなされなければならない」（第24条）
などがあげられます．これらは，後の（今も続く）知的障害者や重
度の重複障害者などに対する入所施設偏重政策に影響したと考えら

れます．

◆二つの体験

　ここで，国際障害者年以前にあって，歴史的にも大事であり，筆者の体験とも重なったことと気になっていたことのいくつかを紹介します．まず体験したこととして二つ掲げます．

　一つ目は，障害児の教育権保障に関してです．障害程度の重い肢体不自由児や知的障害児は，学校教育法の施行（1947）以来義務教育から切り離されていました．こうした親子は，毎年入学時期が近付くと，学校教育法に則って「就学猶予」「就学免除」を地元の教育委員会に出願させられていたのです．他方，学校現場ではこれに抗する動きが見られました．筆者が勤務していた都立小平養護学校（現在の都立小平特別支援学校）では，1970年代の序盤から障害の重い子どもを，しかも定員を超えて受け入れようという取り組みが行なわれました．入学の可否は，職員会議での多数決に委ねられていました．20代だった筆者は，若い教員たちといっしょに，障害の重い子どもたちを受け入れるために「多数派工作」に動きました．こうした取り組みは，都内の他の養護学校にも広がり，全国的にも散見されます．最初に腰を上げたのが東京都でした．1974年度より，都独自に「希望する障害児の全員就学」が始まりました．その5年後の1979年度より，都道府県の養護学校の設置義務が制定され，国レベルでの障害の重い子どもの義務教育が実現するのです．普通学校への障害児の入学拡充と合わせて，障害児の教育権保障が本格化することになります．一般の義務教育から遅れること33年目のことでした．

　体験したことの二つ目は，無認可の共同作業所（小規模作業所とも呼称）づくりでした．1970年代に入っても，今で言う福祉的就労の場はほとんどありませんでした．授産施設制度（現在の就労継続支援事業）がありましたが，設置数は極端に少なく，自力通所が

条件となるなど，障害の軽い人しか通所できませんでした．障害の重い人の大半は，入所施設もしくは精神病院への措置，家に閉じこもるしかなかったのです．こうした状況を背景に，法定外事業としての共同作業所が急増するのです．第1号は，知的障害者を対象に名古屋市で開所した「ゆたか共同作業所」(1969) でした．筆者らは，1970年代の半ばから東京・小平市で取り組むことになります．まずは，知的障害者と肢体障害者を対象とした「あさやけ作業所」を開所 (1974) し，次いで精神障害者を対象とした「あさやけ第二作業所」を開所 (1976) することになります．精神障害者対象の共同作業所は，これが日本初でした．なお共同作業所や小規模作業所と称された無認可の作業所の設置数は，2003年の時点で6,025か所（都道府県等の補助対象の合計　きょうされん調査）に上りました．無認可とは言え，障害の重い人の地域生活を現実的に支えるための一大社会資源となったのです．その後，法定事業への移行要件の緩和とともに，その大半が，就労継続支援事業B型や生活介護事業，地域活動支援センターなどに転換しています．

◆置き去りにされた沖縄

　次に，気になっていたことを述べます．数々ありますが，とくに重要と思われる二つに絞ります．一つ目は，いわゆる「沖縄問題」です．正確には，「沖縄問題と障害者」と言った方がいいかもしれません．沖縄の施政権が日本国に返還されたのは1972年5月15日です．終戦から27年間弱は米国の施政権下にあり，障害者政策も本土とは別の道を歩むことになります．あらゆる分野でそうであったように，障害のある人も置き去りにされた感覚を覚えたのではないでしょうか．

　実際にも本土との格差は顕著でした．それを象徴する事象の一つに，精神障害者政策があげられます．精神障害者の辛苦につながった特徴的な政策に，「私宅監置」（座敷牢）がありますが，本土では

1950年の精神衛生法の制定で，これが禁止されました．他方，沖縄では独自の精神衛生法（通称を琉球精神衛生法）が制定され，私宅監置政策が継続されることになります．私宅監置や座敷牢のことを，沖縄では「監置小屋」と呼びました．1960年の時点で，精神病院（現在の精神科病院）が4か所しかなかった沖縄にあって，監置小屋はその代替役として随所に存在していました．

　復帰前の沖縄県の精神医療を好転させようと，政府に対して懸命な要請が重ねられています．沖縄県精神保健福祉協会　創立55周年記念誌『沖縄における精神保健福祉のあゆみ』（財団法人沖縄県精神保健福祉協会　2014年）に，沖縄県の関係者と厚生省の生々しいやりとりが掲載されています．当時の協会事務局長の神山茂市は，厚生省医事課長への陳情の様子を，「『沖縄は国税を納めていないのにどうしてそんなことができるのか』とこう言うんですね．私はその時かっとなって，『いったい沖縄県に国税を納められないようにしたのは誰なんだ．あんた方日本政府だろう．我々は一日も早く国税を納められる日が来るようにと復帰運動を続けているんだ．明日からでも早速国税を納められるようにしてもらおうじゃないか』と私はタンカを切ったんですよ」と回想しています．復帰から約50年を経ますが，障害者政策にあっても，復帰時の遅れを有形無形で引きずっていると言っていいのではないでしょうか．

　気になっていることの二つ目は，精神障害者政策の遅れであり，欧米の政策と比べて，また，他の障害と比べて格差が縮まっていないことです．人権侵害という観点からは，拡大している側面も見受けられます．前述の沖縄とは異なり，精神衛生法の制定で1950年には私宅監置政策を断つことができました．しかし，待っていたのは医療中心の政策，入院中心の政策でした．今日，精神科病床の過多が問題視されていますが，1981年の国際障害者年時にはすでにその域にあったのです（図1参照）．

　医療中心の政策とは，言い換えれば福祉や雇用の政策から遠ざけられていることを意味します．他の障害に存在した福祉政策や雇用

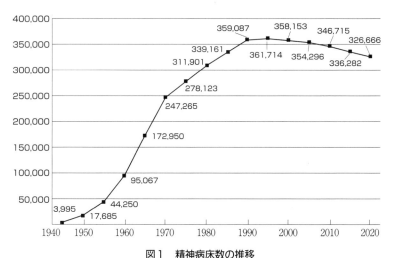

図1　精神病床数の推移
医療施設調査・病院報告，精神障害者福祉（相川書房）等より作成

　政策の根拠法令は精神障害には皆無で，前述の通り心身障害者対策基本法からも省かれていました．入院中心の政策とは，社会防衛策や「優生上の見地から」（優生保護法の目的条項の一部）と裏腹の関係にあります．はっきり言えば，「社会に危害を加える恐れがあるので閉じ込めておこう」「入院していれば子どもは持てなかろう」ということになります．
　ここで，精神障害分野の特殊な見方を象徴するエピソードを一つ紹介しておきます．それは，日本医師会の武見会長（故人）による書き表すのもはばかられるような暴言です．「精神病院は牧畜業」と言い放ったのです．精神病院の患者は牧場に放し飼いする牛か羊と同じという意味です．ジャーナリストの大熊一夫によると，「大分市で第60回九州医師会医学会（1960年11月22日）に関連した記者会見前の放談時に飛び出した」とされています．「悪徳病院を指しているのでは」との見方もありますが，それにしてもあまりの表現であり，多くの精神障害者や家族を傷つけたことは間違いありません．残念なのは，行政からも，精神医療関係者からも公式な反論

がなかったことです.

◆大切な役割を担った障害団体

　本章の最後にあげるのは，障害関連団体についてです．以下に，主な団体の結成の時期等を記します．また，国際障害者年に直接関係した国際障害者年日本推進協議会の設立経緯についても簡単に紹介します.

　最初に結成されたのは，主な障害種別ごとの団体です．結成時期の順にあげると，全日本ろうあ連盟（1947年5月25日），日本盲人会連合（現在の日本視覚障害者団体連合　1948年8月18日），精神薄弱児育成会（別名　手をつなぐ親の会）（1952年7月19日　2014年6月に全国手をつなぐ育成会連合会として結成），日本身体障害者団体連合会（1958年6月23日），全国精神障害者家族連合会（1965年9月4日　2006年11月30日に全国精神保健福祉会連合会として結成）となります[注].

　ここで，育成会の結成に尽力した糸賀一雄の言葉を紹介します．「育成会はあくまでも『親の会』である．無告の子らに代わって親が結成した会であるということを努々忘れてはならない．だから，たとえその発展に時間がかかってもこの運動に不純な動機をもつ政治や金権を導入してはなるまい」と述べています（雑誌『手をつなぐ親たち』第3号・1953より）.

　1950年代の後半に入ると，脳性マヒを中心とする障害当事者の主張を組織化する動きが始まります．その代表格が，全国青い芝の会（1957年11月3日結成）です．先鋭的な主張は，市民社会に影響を及ぼしました．いわゆる「川崎バス闘争（1977　乗り合いバスへの重度障害者の乗車拒否に対する激しい抗議運動）」などは，今

注）全日本ろうあ連盟と日本盲人会連合は，日本身体障害者団体連合会と一体であった．全日本ろうあ連盟が2004年3月に，日本盲人会連合が2005年3月に日本身体障害者団体連合会から脱会している.

24

写真 1　国際障害者年日本推進協議会設立発起人会・総会

でも語り草になっています.

　1960年代の後半には，新たな運動体が名乗りを上げます．全国
障害者問題研究会（1967年8月3日）と障害者の生活と権利を守る
全国連絡協議会（1967年12月4日）です．それぞれ研究運動，要
求運動を標榜しました．対象分野の総合性（当初は，教育分野に重
点），障害の有無や種別にこだわらないという点で共通していまし
た.

　筆者と団体の関係についてもひと言述べておきます．仲間たちと
力を注いだのが，共同作業所全国連絡会（1977年8月6日　現在
のきょうされん）の結成です．全国に点在する無認可の共同作業所
を会員とし，全国規模での交流と国への働きかけを目的としました.

　1976年の第31回国連総会での「1981年を国際障害者年に」の決
議を受けて，日本でも官民が連携しながら，国際障害者年に備える
ことになります．前述した政府内の国際障害者年推進本部の新設
（1980）と合わせて，民間レベルでも新たな推進組織づくりが模索
されました．101（1980年度末）に上る障害に関連した全国規模の
民間団体が結集し，国際障害者年の前年にあたる1980年4月19日
に，国際障害者年日本推進協議会（推進協）が誕生をみることにな

ります（写真1）．推進協に集う加盟団体の共通目標は，国連が設
定した「完全参加と平等」であり，政治的な中立と思想信条の自由
を掲げ，とくに国に対する政策提言とその実現のための行動に重点
を置くこととしました．

　なお，国際障害者年日本推進協議会の後継体であるNPO法人日
本障害者協議会（JD)の加盟団体は，現在62ですが，うち34団体
が国際障害者年以前の結成です．個々の団体の設立年は，巻末の資
料編の年表を参照してください．

第一期（1981年〜1990年）

　第Ⅰ章の最初に，国際障害者年からの40年間の見方について触れておきます．1980年代以降の日本は，経済や産業，各種の公共事業，科学技術などを中心に，高度経済成長時代を継承しながら更なる発展を続けることになります．残念ながら，障害分野はこれらとの一体的な発展とはいきませんでした．しかしながら，その格差をできる限り小さく留めてくれたのが，国際障害者年の威力でした．国際障害者年を起点とする40年間がなかったとしたら，社会全般の動きからもっと引き離されていたのではないでしょうか．

　ここで，あらためて国際障害者年以降の障害分野を大きく眺めてみたいと思います．大事なことは，この40年間を「時の塊」としてとらえることです．塊であるからには，それを構成する要素があるはずです．その要素とは，本書に掲げたバラエティに富んだ出来事であり，大事なことはそれらが有形無形で刺激し合い，連関しているということです．当然ながら，40年間の最初のうちは気が付きようがありませんが，40年間も終わりのほうでふり返ると，大きな方向性を持ったうねりのようなものを感じさせられます．その底流には，国際障害者年で提示された理念や原則が座り，途中から権利条約が助っ人に入ってくれました．仮に，負の出来事であっても，これらの国際規範に照らせば問題点が見えやすくなったのも，国際障害者年以前とは異なります．個々の出来事の深掘りもさることながら，40年間を時の塊としてとらえることの大切さをくり返

し強調しておきます．

　その上で，40年間の意味をもう少し深めてみましょう．これからも続く障害分野にあって，時の塊の成果も，一つの通過点に過ぎません．別の言い方をすれば，40年間を経てたどり着いた先は，新たな展望台なのです．行く手には，いくつもの大きな課題がそびえ立っています．元々，横たわっていた課題，40年間を経たことで見えてきた課題，国際規範を通して学習した課題などさまざまです．私たちにとってのこれらの課題は，難敵であるのと同時に，力を培う栄養源のようなものです．

　そう見ていくと私たちはこの40年間を通して，大きく二つのことを獲得しました．一つは大切な出来事の詰まった時の塊であり，新たに見えてきた課題がもう一つです．これらを意識することで，本書の読み方に深みが増すのではないでしょうか．

　なお，40年間の社会全体の特徴について，多少なりとも時代感覚を共有しておきたいと思います．以下，象徴的な数値で，1981年当時と現在を比較します．ここからの数値は，前者が1981年前後，後者が直近のデータです．まずGDP（国内総生産）ですが，約268兆円：約560兆円（2019年度）です．途中で計算方式が改訂されていますが，世界銀行のデータなども合わせ見ると40年間で2倍以上になっていることは確実です．国の予算は（年度当初予算），約47兆円：約107兆円（2021年度）となっています．他にも，18歳未満の子どもの数は約3,262万人：1,949万人（国勢調査は5年に一度で，前者は1980年，後者は2015年調査），JR（国鉄）の東京エリアの最低運賃は110円：140円（2021年）です．「時の塊」とは言え，40年間は相当な期間です．最初と終わりとでは社会の様相に変化があったことも念頭に置いてもらえればと思います．

　さて，これ以降は全体を四期に分けた第一期分で，1981年から1990年までが対象となります．この期間の日本と世界の主な出来事は，国鉄の分割民営化（1987），消費税の導入・3％（1989），東西ドイツの統一（1990）など冷戦の雪解け，「ADA（障害のある米

国人法）」（1990）の制定などです．

◆先達者の心に浮かんでいたこと

　第一期の最初に，国際障害者年当時，障害分野の先達者たちが何を考えていたのかを垣間見てみたいと思います．これについては，筆者が出る幕ではなく，JDの前身である国際障害者年日本推進協議会（推進協）を代表する面々に登場いただきます．太宰博邦代表，花田春兆副代表，仲野好雄副代表，矢島せい子副代表の４人です（いずれも故人）^{注)}．推進協が編纂した『完全参加と平等をめざして』（1982年３月31日刊行）に，これからにかける信念や決意が綴られています．一部になりますが，原文のまま掲載します．

　太宰博邦代表：「全体的立場から—基本的認識は，およそ次のとおりである．第１に，我が国には，今なお障害者の社会参加と平等を阻むいわれなき障壁が幾多もあり，そのために，障害者が社会に参加したくとも参加できないという，不当な現実を認識する必要がある．第２に，IYDP（国際障害者年）は長い間の障害者の願望を実現する機会であるから，この機を無為に過ごすようなことがあっては，将来取り返しのつかないことになることを認識しなければならない．第３に，IYDPを実りあるものにするためには，障害者としては，座して政府その他公の施策に任せるような心構えであってはならない．むしろ，われわれこそがその主役でなければならぬとの覚悟が必要である．最後に，IYDPは１年限りに終わらせてはならない．この１年間は各種の行事が華々しく行なわれたが，それはそれなりの意義はあったとしても，本番はこれからの長年月の行動にこそあるのであって，IYDPは，まさにそのスタートにすぎないのである」

注）太宰博邦（元厚生省事務次官），花田春兆（著述家・俳人），仲野好雄（全日本精神薄弱者育成会理事長），矢島せい子（障害者の生活と権利を守る全国連絡協議会会長）

　花田春兆副代表：「障害者の立場から—障害者のための国際年から，障害者の国際年と国連での表現が変えられたのを知った私たち障害者は，障害者年の思想と意義はそこにこそある，と大きくうなずいたのである．大げさに言うならば，色めきたったのである．我が国の障害者施策というか，対策のすべては，医者とか教師を中心とする関係者と一部の親たちによって進められてきた．そうした現状については，近年とみに『当事者不在』を指摘しての不満の声が響きはじめていた．いくら親であっても，成人した子どもの完全な代弁者とはなり得ない．親と子の希望とか思考は，必ずしも一致しない．ときには正反対ともなり，対立せねばならぬことすら生じてくる．関係者との間も同じである．第三者的な学識経験が，現実に生きている本人たちの実際の感情なり生き方なりと，よりよくマッチしているとは限らない．障害者対策にはもっと当事者である障害者自身の声が反映されねばならないし，ひいては主導性を持てるまでにならねばならない」

　仲野好雄副代表：「親の立場から— 2 年間にわたる，110 数団体の障害の異なる方々との運動により，お互いの視野が開かれ，今後の運動の持ち方，進め方について，いろいろ勉強させられたことは大きな収穫であった．それと同時に，各種障害者間にわだかまる偏見・差別観がいかに大きいものであるかということ，施策の面においても障害者間に大きな格差のあることも知ることができた．障害者相互の偏見・差別観を除かずして，完全参加と平等など，とうていありえないのである．これの払拭こそが第一義的なものと言えよう．そして，施策間の格差是正については，進んだものの足踏みではなく，遅れたものの短期間での飛躍の努力こそ必要であり，先進者の指導と協力が必要であることを痛感した次第である．これからこそが，障害者福祉への新たな出発と言えるのではないかと思う」

　矢島せい子副代表：「運動体の立場から—人権運動に端を発した IYDP の思想や意義を探り，改めて日本の障害者の現状を考えるとき，完全参加と平等にはほど遠い現実に胸が痛む．近年，世界の諸

国に比べて，非常に高い経済発展を遂げた豊かな国と言われながら，我が国の社会福祉，社会保障は，以前に比べて幾分の進展はあるにせよ，欧米先進国に比べて依然低く，障害者福祉関係が立ち遅れていることは事実である．しかも最近，経済再建への政府の方針のなかに，最も弱い立場にある我が国の400万人の障害者と，その家族の生死にかかわる福祉予算の切り捨てが，軍事予算優先の名の下に，実現される危険性をはらんでいる．これは，人間の尊厳，人権尊重という国際障害者年の思想とは全く相反するものであり，ぜひとも，政府は，国際障害者年に関する所信表明をよりどころとして，障害者が一人の市民として生活できる条件を整え，同世代の国民と同じように暮らし，社会へ参加できる方向へと，政策を進めてほしいと思う．とくに，戦争および暴力は障害者の敵である．私たち運動にかかわる者は，10年後の行動計画を目標とするなかで，幅広い国民の理解と協力を求めながら，障害者運動は平和運動であるという国連の思想を，地域で具体的に生活のなかへとり入れながら，人間らしく生きたいという障害者の願いを実現していきたい」

◆障害分野初の長期政策

　国際障害者年を体験する中で，期せずして湧いてきた声があります．それは日本を含む世界中の声でした．「国際障害者年を単年に終わらせてはならない」でした．こうした声を背景に，国連は1983年から1992年までを「国連・障害者の十年」と決議することになります．国際障害者年の理念と意義を定着する上で，この十年の行動年限は決定的な意味を持ちました．国際女性年（1975）や国際児童年（1979）にはなかった動きです．それだけ，世界中で障害分野の立ち遅れへの危機意識が募っていたとも言えます．

　国連は，「国連・障害者の十年」と合わせて長期の行動計画を設定します．内容の先進性と合わせて，重要だったのは長期の世界国家計画の策定を各国に勧告したことです．その影響は日本にも及び

ました.

　日本の長期政策は,まずは心身障害者対策基本法に基づく中央心
身障害者対策協議会（現在の障害者政策委員会）で原案が検討され
ました.2年間の検討を経て,向こう10年間の「国内長期行動計
画の在り方」としてとりまとめ（1982年1月22日）,内閣総理大臣
に意見具申が行なわれました.これを受けて,政府は国際障害者年
推進本部で最終的な調整を図り,1982年から1991年までの「障害
者対策に関する長期計画」を策定しました（1982年3月公表）.

　長期政策策定の実務面での中心となった一人が,厚生省社会局更
生課・身体障害者福祉専門官の丸山一郎（故人）でした.丸山は,
障害分野では民間（ゼンコロ）から初めて採用された専門官です.
その丸山は,当時の考えを「国際障害者年の最も大切な点は,障害
者問題の認識とその解決に向けての長期的なとりくみを開始するこ
とにある」と書き残しています.（日本障害者リハビリテーション
協会発行「リハビリテーション研究」1982年3月（第39号）.

　こうして,国際障害者年と「国連・障害者の十年」の追い風を受
けながら,日本の障害関連政策史上初の長期政策が誕生しました.
内容は,障害関連の各分野に言及していますが,シンプルな構成で
す.現在の「障害者基本計画」の原形となるものです.シンプルな
中にも目を引く記述があります.例えば,啓発広報活動の項には,「障
害という概念そのものについても,単に障害者の個人的問題として
とらえるのではなく,個人とその環境との関係において生じている
社会全般にかかる基本的問題としてとらえていこうとする傾向が強
くなってきている」とあります.障害者権利条約で明示されている
障害観（障害の社会モデルの視点）と重なります.

　「障害者対策に関する長期計画」に続いて,内容をかなりバージ
ョンアップした「後期重点施策」（1987〜1991）が策定されています.
このような,10年間を区切りとした長期政策の策定手法は,その
後に継承されることになります.

　長期政策とは直接関係はありませんが,国際障害者年の影響もあ

り，1980年代の序盤に障害に関する用語の見直しが行なわれています．具体的には，「障害に関する用語の整理のための医師法等の一部を改正する法律」（「つんぼ」「おし」「めくら」を法律からの除去　1981），「障害に関する用語の整理に関する法律」（「不具」「奇形」「廃疾」「白痴者」の法律からの除去　1982）です．

◆初の市民運動による駅舎エレベーター

　西武新宿線・小川駅のエレベーターが稼働し始めたのは1982年6月2日のことでした．市民運動による駅舎エレベーターの日本での第1号となります．西武鉄道小川駅は，東京都西部の小平市にあり，周辺には東京都立小平養護学校（現在の都立小平特別支援学校）や国立身体障害者職業訓練校（現在の国立都営東京障害者職業能力開発校），肢体不自由児施設（当時）整育園が，駅を挟んだ東側にはブリヂストンタイヤ東京工場が広がっています．「市民運動では初」としたのは，国の経費負担による先行事例は他にあるという意味です．具体的には，国立障害者リハビリテーションセンター（当初，国立身体障害者リハビリテーションセンター）の開設（1979）に伴い西武鉄道・新所沢駅(埼玉県)にエレベーターが設置されています．

　小川駅の設置運動の主体は，養護学校に通学する児童生徒の母親たちと地域在住の障害者でした．きっかけは養護学校のPTAが行なった実態調査です．そこには，「子どもをおんぶしながらの駅階段の上り下りは辛い」「マヒがある子どもにとっての階段は危ない」（スクールバスのコースから外れる子どもの中には電車通学がいた）などが記されていました．エレベーターの設置は，地域の障害者にとっても積年の悲願でした．1976年2月に，「小川駅の改善をすすめる会」が発足し，本格的な運動がスタートすることになります．

　「すすめる会」の主張は，なかなか通じませんでした．小平市当局（議会を含む）やマスメディアを巻き込む中で，西武鉄道側は「すすめる会」の存在を無視できなくなりました．

　西武鉄道の見解と本音は明確でした．見解のポイントは，「経費
負担が重すぎる」で，本音は，「他の駅にも波及するのでは」でし
た．「すすめる会」の意を強くさせたのは，「完全参加と平等」を主
題とした国際障害者年でした．これに関連して示された決議文など
を示しながら（とくに交通分野），説得を重ねていくことになります．
その頃，都内や関西のいくつかの駅でエレベーター設置運動の萌芽
が見られました．「他の駅への波及」は，現実のものになっていま
した．

　押し問答の流れを変えたのは，経費負担の案分の考え方が具体化
した頃からです．結論から言うと，宝くじ協会6,500万円（都の口
利きで），船舶振興会（現在の日本財団）2,060万円，小平市6,500
万円，寄付等1,500万円（主にはブリヂストン），の案分となり，加
えて西武鉄道が付帯経費として3,000万円を負担することになりま
した．設置されたエレベーターは4基です．

　母親たちが中心の「すすめる会」の運動でしたが，もう一つ特徴
があります．それは，「すすめる会」の事務局を都立小平養護学校
に置いたことです．しかも，この事務局は公務分掌（担当者の仕事
は公務として認められる）に位置付けられることになるのです．今
では考えられませんが，「子どもにとって大事なことは学校をあげ
て取り組もう」，そんな気概がありました．

　実は，設置後も「すすめる会」の活動は続きました．利用時間の
制約など，運用面の課題が残ったからです．自由な利用までには，
さらに9年半（1991年12月）を経過しなければなりませんでした．
各地の運動の成果とも相まって，高齢者，身体障害者等の公共交通
機関を利用した移動の円滑化の促進に関する法律（2000　交通バリ
アフリー法）につながることになります．

◆国際的に問題視された宇都宮病院事件

　1980年代の半ば過ぎ，筆者を含め日本に多くの友人がいるシャ

34

ーマン・ゲスベンという米国人が来日しました．彼は精神科のソーシャルワーカーでした．「関東周辺で観光に行きたいところは」の問いに，思いもかけない答えが返ってきました．「宇都宮病院へ行きたい」というのです．宇都宮病院事件は，米国の関係者間でも知られているとのことでした．

宇都宮病院事件とは，栃木県の医療法人報徳会宇都宮病院を舞台に繰り広げられた入院患者に対する蛮行でした．表沙汰になったのは，朝日新聞のスクープでした（1984年3月14日付）．具体的には，病院職員によるリンチや撲殺（立証は2人）で，患者による内部告発が明るみとなるきっかけでした．事件発覚後にわかったことは，患者への暴行や無資格者の医療行為，入院制度の乱用などが，長期間にわたり，しかも常態化していたということです．病床数は1970年代前半で852床に達し，事件当時の常勤医師は，院長を含めて3人でした．もう一つ特筆すべきは，東京大学医学部が，宇都宮病院と共同研究などを通して深い関係にあったことです．

宇都宮病院事件は，国内に留まらず国際的な関心事となりました．事件発覚直後の1984年8月に，国連少数者の差別防止並びに保護に関する小委員会で問題視され，翌85年5月に国際法律家委員会（ICJ）が宇都宮病院事件の背景や精神医療の実態調査を目的に訪日しています．これらを受ける形で，1985年8月，国連少数者の差別防止並びに保護に関する小委員会（ジュネーブ）において，厚生省精神衛生課長の小林秀資は「精神障害者の人権の保護を強化するために精神衛生法を改正する」と言明しました．

直後より，精神衛生法の改正作業が進められることになります．1987年9月，精神衛生法は精神保健法へと改正されました．改正のポイントは大きく二つでした．一つは，人権の保護に配慮した入院制度に改めることで，具体的には，①本人の同意に基づく任意入院制度の創設，②入院時の書面による権利等の告知制度の創設，③入院の必要性や処遇の妥当性を審査する精神医療審査会制度の創設，などです．もう一つは，法定の社会復帰施設制度を設けること

でした.

　精神障害者に関連した事件と言えば，もう一つ想い起すのが，1964 年 3 月に発生した「ライシャワー事件」です. 19 歳の少年により米国のライシャワー駐日大使が刺されるというものでした. 事件翌年の 1965 年に精神衛生法が改正され，通院医療費の公費負担制度の新設の一方で，警察官，検察官らによる通報・届け出制度の強化や措置入院制度の強化が図られ，以来，精神病床数の急増が続くことになります. 病床の異常な伸びは，着実に進行していた病院の隠蔽体質とも重なりながら，精神科医療をよりゆがめていくことになります. そうみていくと，宇都宮病院事件を，それ単独でみるのではなく，こうした精神医療政策全体の変化に位置付けてみることが肝要です. また，精神医療制度の大きな変化は，「事件」と関係することが少なくないことも見逃してはなりません.

◆障害基礎年金の創設

　障害者にとって，本格的な所得保障制度の実現は，長年にわたる悲願でした. 推進協の結成の目的や期待の一つに，所得保障制度の拡充がありました. 国際障害者年から数えて 5 年目の 1985 年に，大きな動きがありました.「障害基礎年金」という国民年金法に基づく新たな制度が誕生したのです. 本格的な所得保障制度とは言えませんが，制度に流れる考え方としては新たな段階に入ったと言って差し支えありません（施行は 1986 年度から）.

　まず給付水準についてですが，制度が始まった 1986 年度の時点で 1 級月額 64,875 円，2 級月額 51,900 円です. それまでの障害福祉年金の 1 級月額 39,800 円，2 級月額 26,500 円（1986 年）と比較して，ある程度の増額が図られました. 問題は，この水準で自立した生活を維持できるのかということです. このことは，現在の水準に置き換えるとわかりやすいと思います. 2021 年現在の障害基礎年金は，1 級月額 81,344 円，2 級月額 65,075 円で，特別障害者手当（基礎年

金以前は福祉手当）を加えても，自立した生活には遠く及びません．

　給付水準とは別に，制度の考え方については重要な内容が盛り込まれました．その一つは，年金保険を掛けている国民全体で20歳以前の幼い時からの障害者を支援する立場に立ったことです．言い換えれば，保険原理にこだわらない無拠出者への支援ということになります．これを成り立たせた考え方は，「社会連帯」（市民みんなで障害者を支えよう）でした．もう一つは，扶養義務者の所得要件を撤廃したことです．これにより，受給者数に明らかな伸びがみられます．

　以上をまとめると，給付水準は十分とは言えませんが，考え方（政策思想）という点では新たな峰をつくったと言えるのではないでしょうか．保険原理を超えた社会連帯の打ち立てにしても，扶養義務者の所得要件の撤廃にしても，政策上の勇断が必要だったと思います．官民ともに，給付水準よりは，考え方の転換に重点を置いたのです．

　こうした障害基礎年金の制度化の背景に何があったのでしょう．そのキーワードは，「国際障害者年」でした．国際障害者年を背景とした推進協の下に多くの関係者が結集しました．障害当事者や関係者が一体となりながら，提言内容と運動が組織化されていったのです．厚生省内でも動きがみられます．推進協などの民間とは政策論で葛藤がありながらも，打開の道が探られます．例えば，厚生官僚の板山賢治（推進協の結成にも深く関与）の下に設置された，障害当事者を中心とする「脳性マヒ者等全身性障害者問題研究会」の動きもその一つでした．そこから提言された「生活保護制度に依らない所得保障制度の実現を」の主張は厚生省に影響を与えたと考えられます．

　残念だったのは，近い将来に託された給付水準の引上げが成らず，実質的な水準は基礎年金創設時で止まっていることです．

◆グループホーム制度の創設

　障害関連政策をふり返る時，そこにいくつかのくっきりとした節目をみることができます．前述の基礎年金と合わせて，グループホームの制度化もそれに該当すると思われます．制度の対象は，当初は知的障害者のみでしたが，1992年7月より精神障害者にも拡大しています．なお，グループホーム制度は，正式には地域生活援助事業と呼称していました（現在は共同生活援助）．

　「くっきりとした節目」の意味について，厚生省が1989年5月に都道府県宛てに発出した「知的障害者地域生活援助事業の実施について」（通知　11項目で構成）を元に概観します．特徴を絞ると，①利用定員は4人以上（実際には4〜5人），②民間の住宅でも構わない，③世話人を配置する，となります．

　グループホームの制度化の背景や特徴ですが，何と言っても大きかったのが入所（収容）施設偏重政策に反旗を翻したことです．入所施設偏重政策を推進してきたのは厚生省ですが，その厚生省内から逆の視点が打ち出されたのです．当時の入所施設（現在の施設入所支援）には，共通した問題点が横たわっていました．土地価格の理由などから町から遠い，利用人数の大規模化，プライバシーが確保しにくい，入所期限がなく終の棲家にする人が少なくないなどです．

　制度設計の中心を担ったのは浅野史郎や中沢健（当時の厚生省児童家庭局障害福祉課）でした．浅野は当時を回想して「あくまでもグループホームっていうのは，本当に最初の取っかかりですよ．これで完結じゃないんですね．最初の一手と．次の一手はグループホームだというのを早い時期から思ってました．実は障害福祉課長になったその日からです」と語っています（NHK戦後史証言プロジェクト　第6回　障害者福祉〜共に暮らせる社会を求めて　放送日：2015年10月26日）．

グループホーム（類似事業）の存在は，欧州をはじめ，国内でも以前から散見されました．1960年代の滋賀県（信楽）での民間下宿屋，1970年代には東京都や神奈川県でも実践が始まっています．厚生省による制度化により，その数は一気に増えました．約100か所からのスタートでしたが，2019年度現在8,643か所に及んでいます．2019年11月の時点で，入所型施設の利用者と，グループホームの利用者の数が逆転しています．

1992年から精神障害者を対象としたグループホーム制度（精神障害者地域生活援助事業）が始まりました．制度の内容は知的障害者地域生活援助事業を踏襲しています．異なる点としては，①定員が5〜6人，②保健所との連携を重視，③運営主体に精神病院も可，などがあげられます．

なお，制度化の当初より，「安上がり政策」ではとする評価があります．利用者の居住環境，世話人の労働条件などの課題は，現在も残ったままです．

参考書籍

・西武鉄道・小川駅の改善をすすめる会編：『ああ　エレベーター　障害児をもつ母親の駅舎改善運動奮戦記』（みくに書房　1986）
・『グループホームの設置・運営ハンドブック —精神薄弱者の地域生活援助—』（監修：厚生省児童家庭局障害福祉課　日本児童福祉協会　1989)

第二期 (1991年〜2000年)

第二期の期間は，1991年から2000年です．社会全体の主な出来事は，バブル経済の崩壊と超低金利政策の始まり，非自民の連立政権誕生（1993），自民党，社会党，さきがけによる連立政権（1994），阪神淡路大震災（1995），オウム真理教地下鉄サリン事件（1995），介護保険法成立（1997）などで，世界の障害分野では，国連の「障害者の機会均等化に関する基準規則」の採択(1993)が目を引きます．

◆列島縦断キャラバンと市町村網の目キャラバン

第二期の最初の頃は，国際障害者年と「国連・障害者の十年」の余熱が残っていました．同時にこの余熱を継続させようとする動きもありました．国際的な声として上がっていた，「第二次『国連・障害者の十年』の設定を」はその動きの一つです．これについては，国連としても対応できなかったようです．

それに代わる長期の国際キャンペーンとして，日本も積極的に関与した「アジア太平洋障害者の十年」を設けることとしました（次項で詳述）．そして，この時期にもう一つ上がった声が，「『国連・障害者の十年』の最終年にふさわしい，しかも全国の障害関連団体を巻き込むような記念事業を企画できないか」でした．

結果的には，日本の障害分野史上で最大級のキャンペーンが実現することになります．キャンペーンの運営体制として，主唱4団体

40

写真2　障害分野初の全国統一キャンペーン列島縦断キャラバン

（日本身体障害者団体連合会，国際障害者年日本推進協議会，日本障害者リハビリテーション協会，全国社会福祉協議会）の下に「『国連・障害者の十年』最終年記念国民会議組織委員会」を設けました．実質的な推進は組織委員会の下に置かれた中央実行委員会と都道府県実行委員会が担いました．

　記念事業の中心となったのは，同時期に展開された二つのキャラバンでした．一つは，「列島縦断キャラバン」（写真2）で，47都道府県のすべての知事を訪問し，国連事務総長，内閣総理大臣，国民会議主唱4団体のメッセージを届け，知事からは自らの考えをしたためた色紙を受け取るというものでした（すべての知事から直に受け取ることができた）．キャラバンは北海道稚内市と沖縄県石垣市から同時にスタートし（1992年10月9日），2台の大型キャラバンカーが東京で合流したのはスタートしてから2か月後の12月8日でした．そして，翌日の9日（障害者の権利宣言制定記念日）に，合流地点となった日比谷公会堂で，政府代表を含む幅広い層で国民

会議全体集会を開催しました.

　もう一つは,「市町村網の目キャラバン」でした. 当時, 3,384（東京特別区を含む）存在した市区町村をすべて訪問しようという野心的な企画でした. 市区町村長に前述のメッセージを持参しました. すべてとはいきませんでしたが, それでも90％を超える市区町村にメッセージを届けることができました（一部郵送にて）.

　最大の成果は, 全国の障害関連団体が一つの目的でまとまったことです. 主要団体には中央実行委員会に参加してもらい, キャラバンカーの切れ目のない責任者（車長と呼称）を全国規模の団体の役員に担ってもらいました. 他方, 都道府県実行委員会の多くは,「さまざまな障害団体による共同の取り組みは初めて」ということでした. こうした, 全国ならびに地方での障害種別を越えた実行体制は, 障害関連団体の連携に新たな流れをもたらすことになります. その10年余あとの日本障害フォーラム（JDF）ならびに「地方JDF」の設立にも少なからず影響することになるのです.

◆ ILO第159号条約の批准で新たな方向

　障害関連政策の全体がそうであったように, 労働政策も身体障害者が先行しました. 労働政策の根拠法令は, このことを表すように身体障害者雇用促進法（1960）でした. これに一石を投じたのが, 国際労働機関（ILO）の第159号条約（障害者の職業リハビリテーション及び雇用に関する条約）の批准でした. 日本の批准は, 1992年6月12日です.

　ILOは, 第一次世界大戦の反省から1919年に生まれた労働関連の国際機関で, 労働政策に関する国際規範を次々と打ち立ててきました. 障害者に特化したものとしては, 年代順にあげると,「身体障害者の職業更生に関する勧告」（第99号　1955）,「障害者の職業リハビリテーション及び雇用に関する条約」（第159号　1983）,「障害者の職業リハビリテーション及び雇用に関する勧告」（第168号

1983）となります.

　これらのうち，1992年に批准したのは第159号条約です．条約は国際公約の一つで，批准後は，憲法第98条に則って国内法の位置を占めることになります．批准には国会での過半数議決など，憲法に基づく厳格な手続きが必要です．勧告とは法的な効力という点で大きく異なります.

　第159号条約の批准についてですが，そこにはいくつかの背景がありました．そのうちの一つに，「国連・障害者の十年」の最終年事業の位置付けがありました．さらには，本当の背景と言っていいと思いますが，批准をテコに関連する国内法制を整備したいとする政府の意図がありました．見方を変えれば，「このままの遅れは外交体裁上も好ましくない」という考えが働いたように思います．むろん，批准は障害当事者を含む関係者の要望とも合致するものでした.

　第159号条約は，全体が17条からなる簡素なものです．しかし，その水準は当時の障害者の労働政策とは大きな差異があり，全体として，政策改善の指南役となるものでした．とくに重要だったのは，対象の障害の範囲でした．条約の第1条には，「この条約は，すべての種類の障害者について適用する」とあります．身体障害者中心の労働政策にあって，実態と条約との間には相当な開きがありました．批准を機に，矛盾解消に動き出すことになります．一朝一夕とはいかず，身体障害者と完全に横並びになるには，知的障害者で1998年まで，精神障害者に至ってはつい先頃の2018年まで待たなければなりませんでした.

　ところで，初期段階の労働政策でなぜ身体障害者だけしか対象にならなかったのでしょう．大きな要因に，日本の政策に影響した「身体障害者の職業更生に関する勧告」（第99号勧告）が深く関係しました．この勧告の当初の英文タイトルは，「Recommendation concerning the Vocational Rehabilitation of the Disabled」でした（現在の表記は，Vocational Rehabilitation (Disabled) Recommendation,

1955 ＜ No. 99 ＞）．実は，タイトルの中の「Disabled」を「身体障害者」
と翻訳していたのです．正確に「障害者」と訳していれば，その後
の展開は随分と変わっていたに違いありません．この点は，第159
号条約の批准時の国会（第123通常国会）でも問題となりましたが，
真相の究明までには至りませんでした．その後もこの問題にこだわ
ったのが上野武治（北海道大学名誉教授）です．上野のねばり強い
働きかけもあって，厚労省は2018年12月に，それまでの「身体障
害者の職業更生に関する勧告」を，63年ぶりに「障害者の職業更
生に関する勧告」と訂正しました．

◆アジア太平洋障害者の十年

　「アジア太平洋障害者の十年」（1993 〜 2002）は，「国連・障害者
の十年」の最終年から直結して設定された国際的な連携事業です．
国連アジア太平洋経済社会委員会（ESCAP）で公式に定めたもの
で，NGOと一体となって大々的にくり広げられました．具体的には，
1993年の那覇市を皮切りに，毎年各国持ち回りで交流事業を開催
するというものでした．今ほど往来が活発ではなかった当時の時代
背景にあって，特定の分野で，あれほどの規模と期間を擁した事業
はそれほど例がなかったように思います．それを，障害分野がやっ
てのけたのですから文字通りの快挙でした．説明するよりは，開催
状況の一覧（表1）をみてもらう方が，熱量や迫力が伝わるように
思います．
　もちろん一筋縄ではありませんでした．その背後には，数々のド
ラマや困難がありました．最初のハードルは，この構想の提案国を
どうするかについてでした．国際政治が絡むデリケートな問題です．
構想したのは日本でしたが，だからと言って日本が提案すれば実を
結ぶとは限りません．それが国際政治というものです．日本は，外
交ルートを使いながら中国に対して提案国となるようもちかけます
が，最終的には22か国の共同提案という道を開くことに成功しま

表1 「アジア太平洋障害者の十年」（第一次）キャンペーン会議開催一覧

開催年度	開催地	テーマ	参加国	参加人数
1993	沖縄（日本）	イチャリバ兄弟（チョーデー）＊会えばみな兄弟	17か国	1,583人（うち障害のある人200人）
1994	マニラ（フィリピン）	地域協力と社会啓発	11か国	300人（うち障害のある人160人，日本人98人）
1995	ジャカルタ（インドネシア）	すべての人への支援の実現―生活の質の向上をめざして	42か国	500人（うち障害のある人200人，日本人101人）
1996	オークランド（ニュージーランド）	参加：平等へのステップ	89か国	1,400人（うち障害のある人400人，日本人166人）
1997	ソウル（韓国）	アジア太平洋障害者の十年：後半5年の成功に向けて	45か国	1,000人（うち障害のある人260人，日本人324人）
1998	香港（中国）	2つの世界―地域の課題の地域的解決，地球的課題の地域での解決	37か国	1,621人（うち障害のある人350人，日本人165人）
1999	クアラルンプール（マレーシア）	工業社会への障害者の参加促進	17か国	760人（うち障害のある人200人，日本人139人）
2000	バンコク（タイ）	なくそう社会の障壁（バリア）	30か国	505人（うち障害のある人300人，日本人162人）
2001	ハノイ（ベトナム）	障害者の社会統合の促進	37か国	1,759人（うち障害のある人は約80%，日本人201人）
2002	大阪（日本）	障害者の権利実現へのパートナーシップ	55の国と地域（日本を含む）	2,470人（うち日本人1,207人）

出典：月刊ノーマライゼーション　2002年1月号
「アジア太平洋障害者の十年」最終年記念フォーラム 大阪フォーラム報告書（2003）

　す．また，毎年開催時のNGO関係者の経費をどうつくり出すか，10年間を通してのNGO側の事務局をどの国に置くのかなど，次々と難題に直面することになります．これらの課題の多くは，相対的に見て経済力のあった日本が担うことになりました（事務局は日本

障害者リハビリテーション協会内）．

　明治以来，日本は，あらゆる分野で欧化政策をとってきました．障害分野においても，アジアの国々とは距離感があったように思います（今もその傾向はありますが）．限られた人たちではありましたが，それでも国内の障害団体の代表の相当数が毎年の各国での交流事業に参加しました．これらの人的なつながりは，後々の日本とアジア域内の国々との交流や分野別の共同事業の発展につながることになります．

　あらためて「アジア太平洋障害者の十年」の意義や成果を考えてみましょう．まずあげられるのは，国際障害者年ならびに「国連・障害者の十年」の理念を絶やしてはならないとする気持ちを，日本のみならずアジアの国々と共有できたことです．また，今述べたように，アジアの国々との交流を，スローガンだけではなく具体的に実践したことです．アジア太平洋の障害分野の歴史に深く刻まれるのではないでしょうか．

　成果は他にもあります．こうした動きに触発されて，「アフリカ障害者の十年」（2000～2009），「アラブ障害者の十年」（2004～2013）が設定されました．最終年（2002）には，これを記念して，札幌市では第6回DPI世界会議が，大阪市では「アジア太平洋障害者の十年」の締めくくりの国際会議が開催されています．さらには，国連ESCAPのハイレベル政府間会合で，「びわこミレニアム・フレームワーク」が策定されています（2002年10月　大津市）．ここでの確認事項はアジア太平洋域内各国の障害関連政策の指標となりました．そして，第二次，第三次の「アジア太平洋障害者の十年」へと引き継がれていくことになります．

◆心身障害者対策基本法から障害者基本法へ

　心身障害者対策基本法（現在の障害者基本法）は，障害関連立法の全体にかかる理念規定で，障害分野の憲法と言ってもいいかもし

れません．障害関連立法を含む障害分野をめぐる環境は，国際障害
者年を機に大きく変わりました．1970年に制定された心身障害者
対策基本法はこうした環境の変化に呼応することなく，効力に陰り
が出始めていました．法の対象に精神障害者が含まれていなかった
ことは致命的な欠陥であり，国際障害者年に関連して示された国際
規範からも遠い存在でした．

　改正への動因となったエピソードを一つ紹介します．JDの前身
の推進協は，1980年代の後半から1990年代の初めにかけて，「心身
障害者対策基本法に『障害者の日』を定め，その休日化を図ること」
を国会に働きかけていました．これを受けて，参院議員のコロムビ
ア・トップ（二院クラブ　故人）は国会質問に立ちました．これに
対して与党（当時は自民党）は，「『障害者の日』の制定だけでな
く，法の全体を見直すべき」と応じました．これを契機に，一気に
改正の気運が高まることになります．この点での政権交代によるネ
ガティブな影響はなく，調整や審議は順調に運び，1993年11月に
改正が成立（12月公布）しました．改正案作成の中心となったのは，
2人の参院議員で，堀利和（社会党，政権交代があったために当時
は与党　視覚障害），八代英太（自民党　車いす使用）でした．

　改正は多岐にわたりますが，ここでは四点に絞ります．一点目は，
法律の名称についてです．団体側からは，「『心』に障害のある人は
いない」「『対策』には，よくないものへの対処という響きが」とい
う意見が出されました．最終的に，「心」と「対策」が省かれ，障
害者基本法となりました．

　二点目は，障害者の定義についてです．最大の改正点でした．旧
法は，「この法律において『心身障害者』とは，肢体不自由，視覚障害，
聴覚障害，平衡機能障害，音声機能障害若しくは言語機能障害，心
臓機能障害，呼吸器機能障害等の固定的臓器機能障害又は精神薄弱
等の精神的欠陥（以下「心身障害」と総称する）があるため，長期
にわたり日常生活又は社会生活に相当な制限を受ける者をいう」と
し，いわゆる制限列挙方式をとっています．制限列挙とは，たくさ

んの項目が上がっているようにみえますが，それ以外は認めないというもので，その実は範囲を狭くしているという意味です．改正法は，「この法律において『障害者』とは，身体障害，精神薄弱又は精神障害（以下「障害」と総称する）があるため，長期にわたり日常生活又は社会生活に相当な制限を受ける者をいう」（第2条）とし，精神障害の明示を含め，対象の範囲は広がりました．ただし，難病や発達障害などについては明確な位置付けはなされませんでした．

　三点目は，障害者基本計画の政府の策定義務を明確にしたことです．その後の長期計画に数値目標が入るなど，質的な変化にもつながりました．

　四点目は，「障害者白書」の作成に法的な根拠を持たせたことです．法文上は，「政府は，毎年，国会に，障害者のために講じた施策の概況に関する報告書を提出しなければならない」（第9条）としました．政府は，1994年より毎年「障害者白書」を刊行しています．障害分野に関する資料やデータの継続的な蓄積という観点からも大きな意味があります．

◆矢継ぎ早の精神保健法の二度の改正

　1993年6月の精神保健法の改正に続いて，わずか2年足らずの1995年5月には精神保健法から精神保健及び精神障害者福祉に関する法律（精神保健福祉法）へと改正されました．動きの乏しい精神保健医療関連の法律にあって，短期間のうちの二度の改正は違和感がありました．そこにはそれなりの理由があり，これらの改正はその後の日本の精神障害分野に，負の側面を含め大きな影響をもたらすことになります．

　まず，93年改正ですが，この時の改正で障害当事者や家族，関係者から切望されていたのは，入院時の家族負担を軽減することでした．具体的には，精神保健法から「保護義務者」という重い響きの規定を削除することです．結果は，「保護義務者」から「保護者」

48

へと言葉が置き換えられただけで，その実は何ら変わるものではありませんでした．

　気になったのは，改正法で，このことを穴埋めするような施策が盛り込まれたことです．それは，「精神障害者社会復帰促進センター」の新設でした．全国に一か所のみ設置するというもので，法律では独自の章を設け詳細な規定が示されています．改正後に判明したのは，その運営を全国精神障害者家族会連合会（全家連）に託すというものでした．その後の全家連は，傘下にあった保養所の経営難などもあり解散（2007）を迎えることになります．これに伴い，全家連の元に存在していた社会復帰促進センターも消滅しました．当初より，関係者からは，「公的性格の強い社会復帰促進センターを，なぜ特定の民間団体に委ねるのか，法律改正の不十分さをこんな形で補うことでいいのか」などの疑問が出されていました．釈然としない社会復帰促進センターでした．

　次に，95年改正の精神保健福祉法をみていきましょう．一般的には，心身障害者対策基本法から障害者基本法への改正（1993）が大きな要因と言われています．理念法の障害者基本法で精神障害者が他の障害と横並びになったことで，福祉や労働に関する実体法の整備への期待が高まることになります．改正精神保健福祉法は，その第一歩になるのではとする見方が少なくありませんでした．

　たしかに，その側面もありました．ただし，改正全体の背景から浮かび上がる本当のねらいは，別のところにあったのです．それは，精神医療費の公費支出分の削減でした．具体的には，それまでの「公費優先」（租税からの支出）から「保険優先」（保険財源からの支出）への切り替えでした．これだけでは，精神医療の公的責任の後退ではという批判が高まります．そこで考えられたのが，他障害との横並びのシンボル的な施策となる「福祉」，「障害者手帳」（精神保健福祉手帳）を掲げることでした．

　しかし，福祉も手帳制度も，精神保健福祉法に明示したものの練られたものではありませんでした．手帳制度で言えば，その最大の

メリットは鉄道を中心とする公共交通機関の割引ですが，それには
つながっていませんでした．それもそのはずで，とにかく「保険優
先」があるのみで，あとは取ってつけたようなものです．運輸省（現
在の国土交通省）やJRを中心とする鉄道会社などとの調整は図ら
れていなかったのです．今なお，手帳制度の他障害との格差は埋ま
らないままです．

　保険優先政策に関わっては，もう一つ重要なテーマがありました．
精神医療関係者の中には，「保険優先により一般医療制度に近づけ
るのでは」というとらえ方がありました．とすれば，そのタイミン
グで，懸案の精神科特例を解消すべきではなかったでしょうか．精
神科特例とは，入院医療の医師や看護師，薬剤師の配置基準が他の
診療科と比べて極端に低いことです（1958年制定）．例えば，入院
病棟の医師の配置基準は一般医療の3分の1でしかありません．差
別医療の代表的な制度で，実質的には今も残ったままです．精神医
療改革の好機を生かすことなく，単純に公費削減策に加担してしま
ったのです．

　こうしてみていくと，2か年のうちのあわただしい二度の法改正
は，行政や政治の思惑は通ったものの，精神医療全体の改革からは
遠回りを強いられたと言っていいのではないでしょうか．

◆数値目標入りの障害者プラン

　「障害者プラン」が策定されたのは，1995年12月でした．「プラン」
の響きには，先行したゴールドプラン（1989　高齢者保健福祉推進
十か年戦略）やエンゼルプラン（1994　子育て支援のための総合計
画）で馴染みがあったせいか，違和感はありませんでした．障害者
プランの期間は1996年から2002年で，すでに施行されていた「障
害者対策に関する新長期計画」（1993 〜 2002）の残り年限の重点実
施計画という位置付けでした．

　端緒となったのは，厚生省に設けられた障害者保健福祉施策推進

本部（1994　本部長は厚生事務次官）での健闘であり，最終的には障害関連政策全体の元締めを担う総理府障害者対策推進本部によってとりまとめられました．サブテーマに，「ノーマライゼーション7か年戦略」が付されています．

　障害者プランの最大の特徴は，一部とは言え，日本の障害者政策史上初めて個々の施策に数値目標が明示されたことです．内容の柱は，①地域で共に生活するために，②社会的自立を促進するために，③バリアフリー化を促進するために，④生活の質（QOL）の向上を目指して，⑤安全な暮らしを確保するために，⑥心のバリアを取り除くために，⑦我が国にふさわしい国際協力・国際交流を，から成っています．

　評価についてですが，積極面としてあげられるのが，とにもかくにも数値目標を掲げたことです．それまでも二度にわたり大きな行政計画（障害者対策に関する長期計画，障害者対策に関する新長期計画）が策定されましたが，具体性に欠けることがウィークポイントでした．もう一つ重要なことは，障害の種別を超えた「政策の総合化」を打ち出したことです．総合化の方向を裏打ちするように厚生省の組織機構に変化がみられました．それまでは，3局3課体制（身体障害者施策＝社会・援護局更生課，知的障害者施策＝児童家庭局障害福祉課，精神障害者施策＝保健医療局精神保健課に分立，これに難病施策＝保健医療局疾病対策課を含め3局4課という言い方もあった）でしたが，これが大臣官房直轄で一元化されたのです．このことは，障害種別間の施策の均質化を図る上で，地方の障害者行政組織のあり方への影響という点で大きな意味がありました．

　セールスポイントが数値目標の明示でしたが，弱点もまた数値目標でした．目標値が不十分だったのです．多くの施策で，野心的な目標値は確認できず，どちらかと言うと，プラン以前の増加ペースの範疇におさまるものでした．省庁別でみると，厚労省関連の施策には目標値が掲げられましたが，他省庁は一部を除いて掲げられませんでした．もう一つの弱点は，これほど大掛かりなプランにあっ

て，策定の過程で障害当事者団体がまったく関与していなかったことです．

　なお，初の数値目標が入った行政計画だっただけに，最終地点での検証や総括が期待されていました．しかし，支援費制度（2003）の混乱やホームヘルプ事業制度をめぐる厚労省と障害団体との軋轢（あつれき）の表面化などもあったせいか，少なくとも表に現れるような障害者プランのふり返りは行なわれずじまいでした．

◆社会福祉基礎構造改革

　1990年代の後半にさしかかった時点で，日本の社会保障の根幹に関わる大きな変化が生じました．それを象徴するのは，介護保険法の成立（1997）と「社会福祉基礎構造改革」（「中間のまとめ」1998）の動きでした．とくに社会福祉基礎構造改革の動きは，障害分野を含む，この国の社会保障政策，社会福祉政策のターニングポイントになったと言っていいと思います．

　これらは，急に現れたのではなく，1990年代の全体を通して準備されてきたのです．先導役となったのが，「社会保障体制の再構築（勧告）〜安心して暮らせる21世紀の社会をめざして」（1995）で，それまで45年間にわたって日本の社会保障政策を支えてきた「社会保障制度に関する勧告」（1950）にとって代わるものでした．1950年勧告も1995年勧告も社会保障制度審議会によってとりまとめられています．もう一つ大きく影響したのが，財政構造改革法（1997）でした．財政構造改革法の基本は，今後の社会保障政策に当たっては自然増，当然増にもメスを入れるというものです．

　他にも，関連する政策文書として，「社会福祉の基礎構造改革について（主要な論点）」（1997），「社会福祉基礎構造改革を進めるに当たって（追加意見）」（1998），「新しい世紀に向けた社会保障（意見）」（2000）などがあげられます．これらを一体的にみることで，社会福祉基礎構造改革の実相が浮かび上がるのではないでしょうか．

　社会福祉基礎構造改革とは一体何だったのか，これについて前述の政策文書を引用しながら垣間見たいと思います．先導役となった1995年勧告には，「社会保障の費用負担については，社会連帯の考えに基づく社会保険料や社会保障公費負担を主にしつつも，サービスの利用者も相応の負担をしていくことが適当である」「今後充実すべき社会福祉の分野では，サービスの即応性やメニューの多様性，利用者の選択権等を尊重する必要があるため，現在の措置制度は見直すべきである」とあり，社会福祉基礎構造改革（中間のまとめ）には，「市場原理を活用することにより，サービスの質と効率性の向上を促す」「社会福祉法人に対する規制及び助成の在り方については，公益法人，住民参加型民間団体，民間企業等他の事業主体との適切な競争が行なわれる条件の整備に配慮したものとする」とあります．

　簡潔に言えば，①措置制度の縮小もしくは廃止，②保険方式のいっそうの推進，③市場原理・規制緩和の導入です．これらに対して，「社会保障は公的責任で」「権利としての社会保障」を主張する立場からは，大きな後退ではと反発する意見が唱えられました．また，措置制度と選択権との関係については，北欧などでは強い行政責任と選択権が両立しているなどの反論がありました．「社会福祉基礎構造改革（中間のまとめ）には，『サービス』が80回以上登場する．違和感がある」といった意見もありました．日本障害者協議会の二代目代表であった調一興は，「障害者問題は，社会福祉基礎構造改革という名の下に，いささか見当違いの制度変更が行なわれ，障害分野は前進的な構造的改革というより，基本のところで後退がありました」と述べています（調一興著作選集『明日をひらく言霊』ゼンコロ　2011）．こうした社会福祉基礎構造改革の動きは，否応なしに2000年代以降の障害関連政策に影響をもたらすことになります．

第三期（2001年〜2010年）

　第三期の期間は，2001年から2010年です．社会全体の主な出来事として，今期は日本社会にも影響を及ぼした世界の動きを二点あげます．ニューヨーク・貿易センタービルのテロによる爆破事件（2001），リーマンショックによる世界同時不況（2008）です．国内では，厚生省と労働省の統合を含む中央省庁の再編（2001），ハンセン病国賠訴訟熊本地裁で原告側勝訴（2001），「1.25ショック」（合計特殊出生率＝女性が生涯に産む子どもの数の平均値が最低に　2005），政権交代（民主党が中心となった政権へ　2009）などがあげられます．とくに障害分野にとって，この期間は国の内外ともに歴史的な動きがありました．障害者権利条約の採択（2006）ならびに障害者自立支援法の成立（2005）とこれに抗する動きです．

◆障害者権利条約の提唱と日本政府の対応

　一人の大統領の提唱が，世界の障害分野の景色を一変させるきっかけとなりました．それは，第56回国連総会でのメキシコのビセンテ・フォックス・ケサーダ大統領の演説でした（2001年11月）．世界の首脳に向けて，「障害者権利条約をつくりましょう」と呼びかけたのです．呼びかけの後，メキシコ政府は間髪入れずに障害者権利条約（権利条約）を専門に審議するためのアドホック（障害者権利条約特別委員会）の設置を提案します．最終的に共同提案国は

28か国となり,設置の決議案は採択となります(2001年12月19日).

　実は,この段階で日本は失態をさらすことになります.内閣府担当者の見解は,「メキシコ政府のスタンドプレイだと思う.あまり取り合わない方が」というものでした.障害者政策に精通していた与野党の国会議員も同じ反応でした.背景に内閣府の情報が影響したように思われます.むろん,特別委員会設置の共同提案国にも名を連ねることはありませんでした.

　なお,メキシコ大統領の提唱には伏線がありました.2001年8月から9月にかけて南アフリカ(ダーバン)で開かれた「人種主義,人種差別,外国人排斥及び関連する不寛容に反対する世界会議」で,メキシコ政府は権利条約の必要性を提唱していました.提唱は,国連に特別委員会の設置を含む,強制力を備えた国連の責任のある対応を求めています.

　特別委員会はニューヨークの国連本部で行なわれ,開催は延べ8回でした.1回の会期は2週間から3週間で,これに作業部会の会期を含めると,審議日は延べ100日近くに及びました.特別委員会への日本の対応ですが,とくに民間は熱心で,日本障害フォーラム(JDF.当初は準備会として)の下でまとまった行動を取りました.特別委員会が始まった頃から日本政府も前向きの姿勢を示し,JDFと連携しながら審議や各国との調整に当たることになります.特筆すべきは,第2回特別委員会以降,JDFを代表して車いすの弁護士東俊裕が日本政府代表団顧問に加わったことです.

　特別委員会の傍聴には,JDFから毎回代表団を送りました(経費はそれぞれの所属団体もしくは個人の負担).計8回の特別委員会の延べ参加者数は,200人に上ります.とくに勝手のわからなかった第1回目(2002年7月29日から8月9日)は,文字通りの手探りでした.ニューヨークのホテル価格は「時価」で,もともと夏場のこの時期は高いのですが,これに国連を含む大きな国際会議などが重なるとさらに吊り上がります.これへの対策として,みんなで早くからウィークリーマンションを予約しました.朝夕自炊しなが

ら，国連本部へはバスを利用することになります．財政事情で日英
通訳者を確保できず，同行者の中から英語の堪能な松井亮輔（日本
障害者リハビリテーション協会）や丸山一郎らに担ってもらいまし
た（第2回目以降は専門の通訳が同行）．

　当時の大きな課題は，社会全体として権利条約の動きへの関心を
どう持ってもらうかでした．まずは，JDFとして外務省との意見交
換を重ね，政府全体の関心の高まりを期待しました．国会にも働き
かけを始めました．比較的早い時期の2002年2月22日には，超党
派による「障害者権利条約議員連盟」が発足しています．メディア
の中にも関心を持つ人が出始めています．わずかずつではあります
が，関心を持つ人の広がりがみられるようになりました．

◆日本障害フォーラムの設立

　日本障害フォーラム（JDF）の誕生は，2004年10月31日で，設
立総会は全社協ホールで行なわれました．日本の障害分野にとって
の新たな時代の到来と言って過言ではありません．障害団体の大同
団結の必要性は，1970年代から唱えられていました．国際障害者
年時に新たな流れが生まれそうでしたが，結果的にはうまくいきま
せんでした．板山賢治は，1990年代半ば過ぎの時点で障害関連団
体の動きについて，「不信と対立，非難と中傷の風潮が色濃かった
障害関係組織の相互交流，理解が深まり，連携，協力の気運が高ま
っています」と記しています（月刊『ノーマライゼーション』1997
年5月号）．これは決してオーバーではなく，障害種別間の関係者
による反目や不仲は長く続きました．

　ところで，設立前夜を想起すると，そこには明確な力が存在しま
した．それは，国連の特別委員会で審議が始まっていた権利条約関
連の動きです．日本の障害関連団体としても，的確かつタイムリー
な対処が求められていました．具体的には，国連への傍聴団派遣，
日本政府との意見調整，国会への働きかけ，メディアへの対応など

で，これらはいずれも団体側のまとまりが試されたのです．

　ただし，より本質的には，障害関連政策の本格的な改革が進まないことへの危機意識がありました．そして，「国連・障害者の十年」最終年の記念事業や「アジア太平洋障害者の十年」などを通して団体間の関係が深められていたことも大きかったように思います．

　設立を呼びかけたのは，「国連・障害者の十年」最終年の記念事業を主唱した4団体（39 - 40頁参照）でした．これに応えて主要な障害当事者団体が参集し，本格的な準備がスタートしました（第1回準備会は2003年10月6日）注）．率直な議論を交わしていますが，それらは設立趣意書と定款に修練していくことになります．大きな了解ごとの一つに，「障害団体が集える恒常的な『一つの土俵』を持つことの意義は大きい．ただし，個々の団体の活動は制約しない」がありました．その後のJDFと構成団体との関係は，こうした了解ごとが基本になっています．

　JDFへの期待と役割の大きさは，予想を超えるものがありました．まずは，前述の通り，権利条約の動きに照準を合わせることになりますが，並行して，第二次アジア太平洋障害者の十年に対処し，障がい者制度改革推進会議や東日本大震災などの国内課題（詳細は後述）にも組織的に対応していくことになります．ひやりとしたのは，障害者自立支援法（2005）の評価でした．構成団体間で評価が分かれたのです．でも前述した「了解ごと」がものを言いました．意見の違いを留保しながら，まとまりの維持を優先させたのです．

　特筆すべきは，こうした全国レベルでの「一つの土俵」づくりに触発され，愛知や大阪をはじめ，都道府県レベルで地方フォーラム

注）**設立時の構成団体**

社会福祉法人日本身体障害者団体連合会／社会福祉法人日本盲人会連合／財団法人全日本ろうあ連盟／日本障害者協議会／特定非営利活動法人DPI日本会議／社会福祉法人全日本手をつなぐ育成会／財団法人全国精神障害者家族会連合会／社会福祉法人全国社会福祉協議会／財団法人日本障害者リハビリテーション協会

　[オブザーバー]
全国「精神病」者集団／社会福祉法人全国盲ろう者協会

がつくられたことです．本部と支部の関係ではなく，それぞれ独立した組織体として，かけがえのない役割を果たしています．JDFの活動や運営は，設立以来，年に一度のJDFフォーラム，原則月1回の幹事会，節々の代表者会が基本になっています．なお，こうした「一つの土俵」は，国内のさまざまな分野にあって，また国際的な障害分野でも珍しいと言えます．

◆障害者自立支援法

これほどまでに，障害者政策をめぐって国と民間団体が真っ向から対立したことはありませんでした．社会保障や社会福祉全体の歴史からみても大きな出来事ではなかったでしょうか．それは，2005年10月31日に成立した障害者自立支援法（自立支援法）です．

自立支援法の最大の特徴は，「応益負担」を制度化したことです．戦後，徐々に積み上げてきた障害者政策は，「社会全体として租税で責任をもとう」という考え方でした．他方，応益負担は受益者負担と同じ意味で，利用した支援策に応じて費用を支払うというものです．ただし，自立支援法が掲げた応益負担制度は，予め個々に定められた「公定価格」の10％を上限としました．介護保険制度のスタート時の負担率と同じです．施行後の通知で，利用者の所得状況によって負担額の軽減が図られるなどの修正が加えられましたが，法律上の応益負担の基本的な仕組みは変わりませんでした．

はっきり言えることは，自立支援法の制定は，単に障害関連の法律が一つ新設されたのではなく，障害福祉の政策路線の転換を意味するということです．問題はその背景です．大きく見れば，1990年代半ばから声高に言われてきた受益者負担政策の影響です．具体的には，先行した介護保険制度への障害福祉施策の統合構想がありました（実質的には併合）．10％の本人負担は大きく，支援策の利用控え（抑制）には十分な効力が想定されました．

自立支援法への疑問や批判の主な論調は，①障害は自身ではどう

写真3　出直してよ！「障害者自立支援法」10.31大フォーラム

　にもならず，たとえ10％とは言え，個人の負担になるのは「障害
の自己責任論」につながる．そこには，生きるに必要な支援策を「益」
とする見方があるのでは，②所得状況の厳しい障害者にとって，月々
の定額負担は，障害基礎年金の実質的な目減りとなる，③相対的に
厳しい条件下にある障害分野への応益負担制度の導入は，生活保護
政策や高齢者政策など他分野の水準引き下げの新たな呼び水になり
かねない，でした．
　なお，自立支援法の中核は応益負担制度の導入ですが，いくつか
の点で新たな方向が示されました．精神障害者に対する福祉施策の
他障害との均質化，障害保健福祉施策に関する市町村責任の明確化
などです．これらの改善をもってしても，応益負担の問題のほうが
はるかに大きく，反対運動は法案の国会審議入り後ますます強まり
ます．それどころか，法案の成立後もやむことはありませんでした．
法案に問題があったとしても，成立と同時に潮が引くように反対運
動がしぼんでいくのが一般的です．自立支援法は違っていました．
反対の運動は，成立後も，障害分野では例をみない規模と勢いで全
国に広がりました．とくに，日比谷公園（東京）では，１万５千人

規模を含む数千人規模の集会がくり返されました（写真3）.

　自立支援法は，2005年8月の「郵政解散」でいったん廃案になります. 解散が廃案の理由とされていますが，そう単純ではありません. 与党の参院議員も審議には消極的で，解散の日まで審議が進みませんでした. やがて息を吹き返しますが，成立直後から与野党それぞれで改正法案を提出しています. 並行して，各地で障害者自立支援法違憲訴訟が始まり，政権交代を経ながら自立支援法は新たな段階へと移行することになります.

◆障害者権利条約の採択と「3・5事件」

　障害者権利条約第8回特別委員会の最終日はスリリングでした. 時計は，ニューヨーク時間で2006年8月25日の20時になろうとしています. 約500人の政府代表者と傍聴者のあいだには，「今晩中の決着は無理かも. 2週間の会期でもう一回特別委員会が必要になるのでは」，そんな空気が流れ始めたその時です.

　わずかな休憩の後で議長席に着いたドン・マッケイ（ニュージーランド　特別委員会二代目議長）は，おだやかながらも明瞭な口調で，「配布したペーパーの内容で，特別委員会の原案としたい. いかがか」と告げました. 一拍おいた次の瞬間でした. 国連の大きな議場は歓喜の渦に包まれたのです. 歓声，拍手，口笛，足踏みと，そしてたくさんのハグもみられました. 形式的には仮採択ですが，事実上の障害者権利条約の誕生と言えるでしょう.

　正式な採択日は，同じ2006年の12月13日（第61回総会会期中）でした. 権利条約は，包括的な人権条約としては16年ぶりで，今世紀に入ってからは初めてでした. あらためて，採択までの足あとをたどると，大きなポイントが二つあります. 一つは，国際障害者年の前史から脈々と続いてきた議論と規範（宣言や基準）の蓄積です. もう一つは，特別委員会の前後に始まった，集中的で，ねばり強い議論です. とくに後者については，関与した人はおびただしい

数に上り，議論の内容は圧巻でした．そんな中で，「敢えて３人の
キーパーソンを」と問われたらどうでしょう．提唱者であるメキシ
コ大統領のビセンテ・フォックス，特別委員会初代議長のルイス・
ガレゴス（エクアドル），同二代目議長のドン・マッケイ（ニュージ
ーランド）をあげたいと思います．おそらく異論がないのではない
でしょうか．

　実は，こうしたキーパーソンと同じくらい重要な役割を演じたの
が国際NGOでした．具体的には，世界の障害当事者の声を大きく
束ねようと結成された「国際障害コーカス（IDC）」でした．政府
間交渉とは言え，「コーカス」の存在感は抜群で，議長を支えるこ
とになります．JDFもまた「コーカス」の一翼を担い，積極的に動
きました．

　ここで，採択後間もない頃の権利条約に関する日本の動きをふり
返ってみましょう．何と言っても大きいのは，2009年３月上旬に，
政府が唐突に，「権利条約を批准したい」と表明したことです．「３・
５事件」と言われるものです．JDFが，「３月６日の定例閣議で批
准を了承し，即，国会に上程したい」という政府の方針を知ったの
は，３月２日でした．外務省との夜半に及ぶ調整が始まり，与党（自
民党，公明党）にも動いてもらいました．JDFの主張は，「批准を
形式に終わらせてはならない．たくさんの法制度の創設や改正を引
き連れての批准でなければ意味がない」でした．結論は，通常はあ
り得ないとのことですが，閣議前日の３月５日夜に議案から取り下
げられることになりました．もし，批准案が閣議で了承となってい
たとしたら，障害関連政策のその後の経緯はどうなっていたでしょ
う．閣議了承を想定して準備していたメディア向けの「抗議の声明」
は，使わずに済みました．今でも思い出すたびに，背筋がひやりと
します．

◆安永健太さん事件

　第一報を耳にしたのは，2007年9月26日の朝5時のラジオニュースでした．その内容は，「昨夕，佐賀市で授産施設から帰る途中の男性が警察に捉えられ，その後死亡」でした．亡くなったのは，佐賀市在住の，事件当時26歳の安永健太さんでした．健太さんには，知的障害を伴う発達障害がありました．野球好きで，スペシャルオリンピックス世界大会のリレー種目で銀メダルを取るなど，丈夫な体の持ち主です．亡くなった当日は，いつもの自転車で，いつもの夕方6時過ぎに，いつもの道を家路についていました．後ろからパトカーがスピーカーを鳴らしたとされています．大音量で「止まりなさい」と言ったのでしょう．ふいを突かれた健太さんが，次にとった行動は怖さから逃れることでした．結局，前方にいたバイクに進路を阻まれ，転倒しました．後でわかったことは，警察官は，健太さんを不審者とみなしていたのです．

　抵抗した健太さんに，警察官が襲いかかります．4人の警察官で（後にもう1人加わる），健太さんを道路上にねじ伏せました．うつ伏せの状態で後ろ手錠をかけ，屈強な男性が渾身の力で身体にいっぺんに圧力をかけたのです．後の解剖でわかったことは，全身の傷は100か所に及び大腿部付近には大量の内出血跡がありました．ねじ伏せられてから絶命まで10分間前後と言われています．診断による死因は心臓疾患でした．

　言葉の出にくい健太さんが最後に取った行動があります．それは，ねじ伏せられる直前に警察官に対して唾を吐きかけたことです．精いっぱいの抵抗であり，「ボクのどこが悪いの」の訴えだったと思います．

　裁判（民事控訴審）での，弁護士と警察官の質疑が，この事件の本質を象徴しています．質問に応じたのは，事件現場を指揮したベテラン警察官でした．当方の記録から，質疑のやりとりをそのまま

以下に記します．弁護士の質問は『　』，警察官の回答は「　」とします．

『警察官になってから，知的障害者に関する教養プログラムを受けたことがありますか』「プログラムを受けたことはありません」，『職務上で知的障害者に応対した経験はありますか』「知的障害者と応対したことはありません」，『職務外で知的障害者と接した経験はいかがですか』「それもありません」，『本件当時，知的障害者に対する対応を記載した書類などはみたことがありますか』「記憶にありません」

もし，こうした回答が警察官の一般的な考え方だとしたら，障害者の多くは地域で安心した生活は送れません．いつ誤認逮捕になるか，戦々恐々の状態が続きます．でも裁判は，刑事，民事ともに敗訴で終わりました．この事件からくっきりとみえてくるものがあります．それは，①許されてしまった現場警察官の対応，②警察全体の障害者に関する無知と組織的なかばい合い，③裁判官の障害者に関する見識の無さと問題の本質に向き合おうとしない姿勢，の3点です．

もう一つ浮かび上がったのは，1948年に制定されたままの，警察官職務執行法です．この事件もそうですが，「精神錯乱」「保護」の名の下でなんでも行なえるというのがこの法律です．安永事件は，「警察官と障害者」，「裁判官と障害者」という重いテーマを突き付けたと思います．

◆基本合意文書

冬の陽は傾き始めていました．2010年1月7日の戸山サンライズ（東京・新宿）の大研修室は，重い空気に包まれていました．埋め尽くしたのは，障害者自立支援法違憲訴訟の原告と補佐人，弁護士，支援者です．本来であれば，この時間帯は，ここにいる人の全員が厚労省の講堂にいるはずでした．この日は，自立支援法違憲訴

写真４　基本合意締結　調印式のようす

訟の和解に伴っての基本合意文書を，国と原告・弁護団との間で交わすことになっていたのです．予定は16時からでした．

　重い空気の正体は，厚労省に対する不信感でした．ある補佐人（母親）は，納得がいかないとした上でこう続けました．「このまま基本合意文書を交わしていいのでしょうか．自立支援法をつくってきた厚労省は信用できません」と．話し合いは続けられました．最終的には，「これまでも運動で道を開いてきた．基本合意文書の効力も運動抜きにはあり得ない．最後までひとかたまりでいきましょう」を確認しながら，待たせてあったリフトカーやタクシーに分乗し，厚労省に急いだのです．約束の時間から１時間遅れでした（写真４）．

　基本合意文書には，71人の原告とその家族を中心とする訴訟団の熱い思いが凝縮されています．形式上は和解ですが，「勝利的和解」というのが弁護団の評価でした．重要部分の２か所を，以下に原文のまま掲げます．

「障害者自立支援法廃止の確約と新法の制定―国(厚生労働省)は，速やかに応益負担（定率負担）制度を廃止し，遅くとも平成25年8月までに，障害者自立支援法を廃止し新たな総合的な福祉法制を実施する．そこにおいては，障害福祉施策の充実は，憲法等に基づく障害者の基本的人権の行使を支援するものであることを基本とする」(第1項)

「障害者自立支援法制定の総括と反省―国（厚生労働省）は，障害者自立支援法を，立法過程において十分な実態調査の実施や，障害者の意見を十分に踏まえることなく，拙速に制度を施行するとともに，応益負担（定率負担）の導入等を行なったことにより，障害者，家族，関係者に対する多大な混乱と生活への悪影響を招き，障害者の人間としての尊厳を深く傷つけたことに対し，原告らをはじめとする障害者及びその家族に心から反省の意を表明するとともに，この反省を踏まえ，今後の施策の立案・実施に当たる」(第2項)

ここで，自立支援法をめぐる動きを，障害団体全体の視点からふり返ってみましょう．当初，いわゆる老舗団体の大半は，「応益負担制度はおかしい」で一致していました．他方で，「厚労省との関係を損ねてはならない」とする考え方が根深くありました．この点は自立支援法に限った話ではありません．主要政策の大半は厚労省主導で端緒が開かれ，これを行政との関係を重んじる団体が後押しする形で事が運ぶのでした．当事者ニーズやソーシャルアクション（運動）が後ろ盾となる欧米の政策形成とは大きく異なります．

そうみていくと，自立支援法がたどった軌跡と結果は，この国のこれまでには見られなかったことです．第一級の障害者政策（実際にも重要法案としての扱い）に，初の集団訴訟（行政訴訟）を背景とした運動によって変更を迫ることができたのです．その運動を通じて生まれた合言葉があります．それは，「あきらめない」「こびない」「ぶれない」でした．基本合意文書には，これらの合言葉も包み込まれています．基本合意文書は，日本の障害者運動の宝物です．

◆障がい者制度改革推進会議

　馴染みのある気象用語の一つに「最大瞬間風速」があります．日本の障害分野をこれになぞらえるとどうでしょう．膝をポンと打つような光景が浮かんできます．それは，2010年1月12日にスタートした障がい者制度改革推進会議［推進会議　議長は小川榮一（日本障害フォーラム代表／当時，議長代理は筆者）］です．国内の中央省庁の管轄下にあるさまざまな審議会はもとより，北欧を含む先進国と言われている国々の障害関連政策の審議システムにも引けを取らないか，もしかしたら凌駕していたかもしれません．

　障がい者制度改革推進本部（本部長は内閣総理大臣　2009年12月8日設置）の下に置かれた内閣府所管の推進会議は，4つの部署から成っています．推進会議本体，その下に設置された総合福祉部会と差別禁止部会，それに事務局（障害当事者2人を含む5人）です．幅広い関係者が参加し，これら4つの部署が一体となりながら，また分担しながらフル稼働しました．従来の政策審議システムとの違いは，主体性や独自性が重んじられたことです．内閣府や厚労省など関係部署との調整を図りながらも，各政策提言[注]の最終文案は，推進会議のイニシアティブでとりまとめられました．

　以下の諸点に，推進会議の従来の審議会との差異を垣間見ることができるでしょう．具体的には，①構成員26人（オブザーバー2人）のうち，14人が障害当事者または家族，②構成員の障害とニーズに応じた個別的な支援（合理的配慮），③実質的な審議（最初

注）**障がい者制度改革推進会議がとりまとめた提言書**
　①障害者制度改革の推進のための基本的な方向（第一次意見）〈2010年6月7日〉
　②障害者制度改革の推進のための第二次意見〈2010年12月17日〉
　③障害者総合福祉法の骨格に関する総合福祉部会の提言：新法の制定を目指して
　　〈2011年8月30日〉
　④「障害を理由とする差別の禁止に関する法制」についての差別禁止部会の意見
　　〈2012年9月14日〉
　⑤新「障害者基本計画」に関する障害者政策委員会の意見〈2012年12月17日〉

の2年間で約40回開催，1回の審議時間は休憩2回を含め4時間），④審議内容の公開（現場傍聴に加えてCSテレビ放送による生中継，インターネットでの「随時視聴方式」の配信）の四点です．一つの社会実験と言っていいかと思います．

　推進会議設置の最大の理由は，日本の障害関連の政策水準をいかに引き上げるか，この一点に尽きます．政治の側からも，「5年間の集中期間」を掲げ強い後押しがありました．その上で，具体的な背景として，次の三点があげられます．第一点目は，国連での採択と日本政府の署名を終えた権利条約の影響です．批准要件を満たすために，いくつかの基本的な法制の整備（新設もしくは改正）が求められます．さらには，整備を図るプロセスで，障害当事者の間から，国連議場でくり返された「私たち抜きに私たちのことを決めないで」を日本でも実践すべきとの意向が示されました．

　第二点目は，自立支援法関連の違憲訴訟がもたらした基本合意文書の存在です．締結された基本合意文書には，「障害者を中心とした『障がい者制度改革推進本部』を速やかに設置し，そこにおいて新たな総合的福祉制度を策定すること」とあります．

　第三点目は，JDFの役割です．とくに，推進会議の障害当事者の構成員については，政府とJDFの間で詰めた話し合いが行なわれました．最終的に，JDFを構成するすべての障害当事者団体から代表者を推薦することにしました．行政による恣意的な選任とは異なる方法をとったのです．推進会議への，JDF関係者や全国の障害当事者・家族の期待や帰属意識が強かったのは，こうした選任方法が多分に影響していると思われます．

　その後，2012年の政権交代の影響もあり，審議スタイルや委員の選任方法などは先祖返りの様相です．残念ながら，社会実験は中断を余儀なくされました．

第Ⅳ章

第四期 (2011年〜2020年)

　第四期の期間は，2011年から2020年です．社会全体の出来事については，何と言っても東日本大震災とこれに連動した福島第一原発爆発事故（2011）があげられます．襲いかかった大津波は数百年に一度と言われるもので，被災地の傷跡は10年を経た今なお癒えず，原発事故に至っては廃炉の見通しさえ立っていません．この先も当分は，この国の社会や経済の全体に，ズシリと影響することになります．また2020年以降は，新型コロナウイルス感染爆発が世界中を覆い，日本にも甚大な被害が及んでいます．

　世界では，国連・SDGs（2016〜2030の持続可能な開発目標）が誕生した一方で，トランプ前米大統領の言動に象徴されるような，自国中心主義の考え方が台頭してきました．国内では，再度の政権交代により自民党，公明党による連立政権が復活（2012）しています．社会保障や障害分野では，訴訟運動が目立ち始めました．生活保護の基準引き下げ訴訟，「65歳問題」（浅田訴訟の勝利判決，天海訴訟），精神医療での長期入院訴訟，JR駅の無人化訴訟（大分），ハンセン病家族訴訟の勝利（熊本地裁　判決確定）などです．障害者権利条約に基づく政府報告書が作成され（条約の進捗状況の国連審査に向けて，第一次報告書を2016年6月に国連へ提出），政府報告書に対するJDFや日弁連などによるパラレルレポートの作成が続いています．国連審査は，新型コロナの影響で大幅に遅れ，現時点では2022年の夏期とされています．

◆東日本大震災と障害者

「津波てんでんこ」，これは東北地方の三陸沿岸部での言い伝えです．津波の危険を感じた時に，他人にかまうことなく，我先と高台に向かいなさいという意味です．他方で，障害者にとって，この言い伝えほど辛く悲しいものはありません．それは，障害者が置き去りにされることを意味するからです．「津波てんでんこ」と「だれも置き去りにしない」は，どちらも大切です．矛盾してみえるこの二つをどのようにすれば両立できるのか，東日本大震災（2011年3月11日発生）は，改めてこの古くて新しいテーマを私たちの社会に突きつけました．

東日本大震災とこれに連動して引き起こされた福島の原発事故に伴う障害者への影響について，気になることを掲げます．二点に絞ります．一つ目は，障害者の死亡率が高いことです．障害者の死亡率は全住民の死亡率の2倍に及びました．具体的には，東北沿岸部（31自治体）の全人口に占める死者・行方不明者の割合が0.78％に対し，障害者手帳所持者のそれは1.43％でした（2011年9月時点，NHK調査）．

2倍という数値をどうみるかですが，天災だけでは論じられません．そこには，「障害があるために」が重なります．単独で避難できない障害者への支援の欠落ということです．支援の欠落とは，障害者に対する災害政策のもろさであり，政策上の問題は人災と裏表の関係にあります．そうみると，2倍の死亡率は，天災と人災の複合災害と言えるのです．残念ながら天災は避けられません．大事なことは，人災の側面を限りなく減らすことです．ちなみに，2倍の死亡率について，国は今なお調査や検証を行なっていません．

二つ目は，避難所の問題です．多くの障害者と家族から，避難所は「もう一つの被災地」「第二の被災地」と揶揄されました．情報の保障と移動の自由が極端に制限され，遠くから近くから冷たい視

線が浴びせられます．震災後数日のうちは，みんな肩を寄せ合うの
ですが，日増しに物心両面でのバリアが強まるのが避難所です．結
局は，これまでの震災同様に，不本意ながら避難所を後にします．
行先は，壊れかけた自宅であり，自家用車です．あちこちで，「避
難所から障害者が消えた」が起こるのです．障害者もいっしょにみ
んなで助け合った避難所もありますが，大方はそうではありません
でした．福祉避難所も，設置数の少なさや，支援体制の脆弱さなど，
こちらも課題は残ったままです．

　全国的な支援活動がくり広げられる中で，障害分野はJDFに力
を集中しました．被災三県のそれぞれに，JDFと地元障害団体によ
り「障害者支援センター」を設けました．ここを拠点に，初期段階
での活動は在宅障害者の安否確認やニーズの聞き取り，避難所での
支援活動などです．被災直後からの一年間の延べ支援者数は八千人
を超えました（支援者の滞在期間は移動時間を省いて一週間）．陸
前高田市での車両による移動支援は，2015年3月末まで行なわれ
ました．また，南相馬市（福島），陸前高田市（岩手）においては，
JDFの要請に基づいて市当局より障害者の名簿（手帳所持者）が開
示され，これを元に訪問での悉皆（全数）調査を実施しました．訪
問件数は，南相馬市1,139件（身体障害者，知的障害者），陸前高田
市1,021件（身体障害者，知的障害者，精神障害者）でした．調査
結果は，当座のニーズ把握にとどまらず，後の行政計画策定の基礎
資料ともなりました．

◆55人で練り上げた骨格提言

　「三人寄れば文殊の知恵」と言いますが，この三人が55人となる
とどうでしょう．楽観派からは大勢の知恵ですごいものができるよ
うな気がする，悲観派からは「船頭多くして船山に登る」となるの
では，中間派もいました．
　これは，前述の障がい者制度改革推進会議（推進会議）の元に置

かれた総合福祉部会（部会長：佐藤久夫）の審議前夜の関係者間の下馬評です．結果は，予想以上の出来栄えではなかったでしょうか．毎回ほぼフルメンバーで論議を重ね，あの「骨格提言」にたどり着くことができたのです．骨格提言は，正確には，「障害者総合福祉法の骨格に関する総合福祉部会の提言─新法の制定を目指して─」です．ここでの障害者総合福祉法とは，基本合意文書で廃止を確約した障害者自立支援法に代わる法律で，骨格提言はその基本設計のようなものです．

　詳細は，骨格提言の現物に譲るとして，ここでは審議体制の特徴とベースに据えられた理念，新法との関係がどうなったのかについて述べます．なお，骨格提言を審議した総合福祉部会のスタートは2010年4月27日で，提言の公表は2011年8月30日です．開催回数は18回で，会場は厚労省の講堂，毎回大勢の傍聴者とマスコミ関係者が見守っていました．

　昨今の政府や自治体の審議会の報告書に気付かされることがあります．ひと言で言うと，「何を作るかよりも誰が作るか」がよほど大切だということです．総合福祉部会はそれを地でいきました．さまざまな立場を代表して集まった顔ぶれは，障害当事者や家族，医療や福祉の専門家，弁護士，マスコミ，自治体関係者など多彩でした．賛否を含め，自立支援法に対する評価が一様でなかったことも意味がありました．議論の進め方や運営にも工夫が凝らされ，全体会と分科会がくり返されていくのです．障がい者制度改革推進会議の所管は内閣府ですが，その下に置かれた総合福祉部会の所管は厚労省障害保健福祉部でした．厚労省との具体的な関りですが，例えば全体会には課長クラスが，10に分かれた分科会には，記録要員として若手職員が入りました．

　55人の立場の異なったメンバーにあって，拠って立つ二つの規範がありました．一つは権利条約であり，自立支援法違憲訴訟の和解に伴って締結された基本合意文書がもう一つです．二つの規範を元に骨格提言には六つの「目指すもの」が明示されました．議論の

大きな方向は，これらに導かれたように思います．

　骨格提言が，自立支援法に代わる新法にどのように影響したのでしょう．残念ながら，大きく影響することはありませんでした．政治の変化を追い風に誕生した障がい者制度改革推進会議でしたが，民主党を中心とする新政権の安定期はそれほど長くはありませんでした．骨格提言の公表後あたりから安定性を欠くことになります．新政権の力は急速に衰弱し，新法の改正作業も厚労省ペースで進められることになります．法律の名称こそ，「障害者の日常生活及び社会生活を総合的に支援するための法律」（以下，障害者総合支援法　2012年6月27日成立）に変わりましたが，「看板のすげ替えでは」と揶揄されたように，自立支援法の本質問題を残すものでした．2012年12月の再度の政権交代（自民党と公明党の連立政権）により，骨格提言は事実上の「お蔵入り」となりました．

　ただし，その後のさまざまな場面で，骨格提言が登場することは少なくありません．控え席に甘んじながらも，今後とも障害福祉政策の指南役を果たすのではないでしょうか．

◆トーンダウンの障害者差別解消法

　日本中の障害者が待ち焦がれていた法律の一つに，障害者差別禁止法がありました．推進会議は，これに応えようとその下に差別禁止部会（部会長：棟居快行）を設置し，法律のあり方について検討を重ねました．構成員は20人（オブザーバーと専門協力員4人を含む）で，部会の開催回数は25回に上りました（2010年11月22日〜2012年9月14日）．議論の結果を，「『障害を理由とする差別の禁止に関する法制』についての差別禁止部会の意見」としてとりまとめ，親会議体の推進会議に提出されました．

　内容の隅々に，部会の気迫を感じます．海外動向を含めさまざまな角度から検討が加えられ，政府の審議会文書にしては踏み込んだものです．例えば，どこまで書き込まれるかが注目されていた障害

者差別のとらえ方については，４類型で表しました．４類型とは，直接差別，関連差別，間接差別，合理的配慮の不提供で，このうちの前三者を包括して不均等待遇としました．また，精神医療，教育，雇用，欠格条項など個別分野の差別への向き合い方にも言及しています．障害当事者や関係者にとっては，文字通りわが意を得たりと言ったところではなかったでしょうか．

　前掲の骨格提言同様に，この意見書は政府が作成する「障害者差別禁止法」の下地となります．もちろんそのすべては無理としても，ある程度反映されるのが一般的です．

　政府の対応が注目されましたが，待っていたのは政治による翻弄^{ほんろう}です．2012年12月の政権交代の影響をまともに受けました．一時は，新法の制定自体が危ぶまれました．しかし，差別禁止法制への期待は強く，これに押される形で新政権は制定の方向で舵を切ることになります．その後は，政府のペースで，法案作成の作業が進められました．

　この時点で，「『障害を理由とする差別の禁止に関する法制』についての差別禁止部会の意見」は，一気に遠ざかりました．最終的に，2013年6月19日に成立した新法の名称は，「障害を理由とする差別の解消の推進に関する法律」（以下，障害者差別解消法　施行は2016年4月1日）となりました．この二つの関係をひと言で言い表すと，似て非なるものです．

　「非なるもの」のいくつかをあげてみます．真っ先に違和感を覚えたのは，法律の名称です．名は体を表すとされ，法律の名称は重要です．法律名の中の「差別の禁止」は，「差別の解消」に変わってしまいました．禁止と解消は全く意味を異にします．「駐車禁止」「立ち入り禁止」「喫煙禁止」を，「駐車解消」「立ち入り解消」「喫煙解消」と置き換えるとどうでしょう．トーンが弱くなるだけではなく，意味が不明となります．また，差別問題をテーマとした法律でありながら，差別の定義の明示を避けてしまいました．魂の抜けた仏も同然です．看過できない分野ごとの差別事象への対応力も期待

できません．これらは，裁判規範の有効性にも影を落とすことになります．

　変質した障害者差別解消法の問題は，障害分野にとどまりません．他分野の差別事象に対する法制づくりの基準値となってしまうのです．将来の「障害者差別解消法」の改正に際しても足かせとなります．実際にも，2021年の改正は，改正前の法律の枠を出るものではありませんでした．早い時期に，意見書との距離を縮めておかなければなりません．

◆国連第７回障害者権利条約締約国会議への参加

　あの「３・５事件」（59頁参照）以来，棚上げになっていた権利条約の批准ですが，2013年の半ばに至ってようやく要件が整ってきました．必須の要件は三点でした．具体的には，障害者基本法の改正，自立支援法の廃止に伴う新法の制定，障害者差別禁止法の制定です．既に述べた通り，これらの検討を主導したのは，推進会議とその下に設置された二つの部会でした．

　そのうち，障害者自立支援法に代わる障害者総合支援法と，新設の障害者差別解消法の概要と評価は前述した通りです．いずれも部会の提言や意見書からはだいぶかけ離れましたが，形の上では批准要件を満たすものとなったのです．ここでは，まだ説明していなかった障害者基本法の改正に簡単に触れ，権利条約批准までの足取り，批准を引っ提げての初の締約国会議への参加について紹介します．簡単になりますが，歴史的にはそれぞれとても重い意味があります．

　実は，推進会議に求められていた三つの要件のうち，最初の宿題は障害者基本法の改正準備でした．これについては，推進会議本体がまとめた「障害者制度改革の推進のための基本的な方向（第一次意見）」（2010年6月7日）ならびに「障害者制度改革の推進のための第二次意見」（2010年12月17日）を元に，政府で改正案づくりが進められました．東日本大震災により予定より遅れ，改正法の

74

成立は2011年7月29日でした.

内容面で特筆すべきは,障害及び障害者の定義（第2条）に,「障害及び社会的障壁により」と,全面的とは言えませんが社会モデルの視点が取り入れられたことです.同じく,言語に手話を含むことを明記（第3条）したことも大きなことでした.

条約批准の国内手続きは二段階です.まずは,批准案の国会での承認で,衆参それぞれの過半数の議決が必要です.全会一致で,2013年12月4日に成立となりました.成立に先立って,11月28日の参院外交防衛委員会で,JDFの代表らによって,意見陳述が行なわれました.これを受けて,政府は閣議決定などの手続きを経て,2014年1月20日に国連に対して条約への加入を通知（寄託）しました.発効は,批准日から一か月後の同年2月19日となります.

日本政府が,正式な形で国連障害者権利条約締約国会議に参加したのは,批准を受けての第7回目のことでした.以下,この締約国会議での吉川元偉国連大使の発言の一部を紹介します（2014年6月10日）.「障害者権利条約締約国会議において,初めて締約国として発言することを光栄に思う.今次会議には,2名の日本の市民社会からの代表が政府代表団に加わり,本日この場に出席している.お一人は,13の日本の障害者団体から構成される日本障害フォーラムの藤井克徳氏.もう一人は,我が国の障害者基本計画の政策や実施状況について政府に提言する障害者政策委員会の前委員長である石川准氏.1月20日に批准書を寄託したことは喜びであり,これにより日本はこの条約を締結した.本日,締約国として初めてのステートメントにおいて,私は三つの点を発信したい.市民社会の役割,国際協力の重要性,障害と災害である……」.

◆やまゆり園事件

2016年2月に衆院議長公邸へ持参した植松聖の手紙には,「障害者は不幸を作ることしかできません」「全人類が心の隅に隠した想

いを声に出し，実行する決意を持って行動しました」などとしたためられていました．まるで犯行予告のようなこの手紙の5か月あまり後にあの凶行が起りました．

　事件の発生は，2016年7月26日で，舞台となったのは，相模原市にある神奈川県立津久井やまゆり園（運営は，社会福祉法人かながわ共同会）でした．元同園職員だった植松は，この日の未明にガラスを破って施設に侵入し，障害の重い利用者を標的に次々と斬りつけました．19人の利用者が死亡，一部の職員を含む26人の多くが深い傷を負いました．これほどの惨事が1時間足らずのうちに行なわれたところに，事件の凄まじさを垣間見ることができます．

　障害のある人はもとより，日本列島全体が，否，世界中が震え上がりました．同時に誰の胸にも去来したのが，「なぜこんなことが」ではなかったでしょうか．「なぜ」の解明をめぐって，とくに注目されたのが政府と司法の対応でした．

　まずは政府がどう向き合ったかです．これをもっとも凝縮して表したのが，事件発生翌年（2017）の通常国会での総理大臣による施政方針演説です．ここで，「昨年7月，障害者施設で何の罪もない多くの方々の命が奪われました．決してあってはならない事件であり，断じて許せません．精神保健福祉法を改正し，措置入院患者に対して退院後も支援を継続する仕組みを設けるなど，再発防止対策をしっかりと講じてまいります」と述べています．精神医療制度の不備に事件の主因があるかのような的外れの見解に，違和感を抱いた関係者は少なくなかったのではないでしょうか．

　他方，裁判はどうだったでしょう．これほどの事件であり，動機と背景の解明に司法の分け入る力が期待されました．2020年の年明け早々に始まった裁判は，同年3月末の死刑の判決確定で幕を閉じました．法廷には被害者の固有名詞は無く，肝心の争点については，検察側も弁護側も刑事責任能力の有無のみに集中しました．残念ながら，「なぜあのような事件が」は，全くと言っていいほど触れられずじまいでした．そもそも裁判とはこういうものなのか，弁

護側を含む裁判関係者全体の怠慢なのか，肩すかしを食らったような結末でした．これで，公的には事件は封印となりました．

　植松の障害者観は，事件前後も，拘留期間中も，裁判が始まってからも，変わることはありませんでした．「不幸しか作れない」「怪物」「心失者」をくり返すのです．前述したように，「やまゆり園」事件の最大のテーマは，「なぜ」の解明です．言い換えれば，植松の極端にゆがんだ障害者観はどこから来ているのかを突き詰めることです．このことは，ネット等で後を絶たない植松の言動を賛美する「小さな植松」への向き合い方とも関係します．

　大きな事象には，大きな背景があるはずです．この点で気になるのが，植松が身を置いてきた社会環境です．植松の個別的な問題のみに目が奪われるのではなく，日本社会と事件を重ねる視点が肝要です．裁判の蓋が閉じられた今，わたしたち市民社会の手でこのテーマに挑み続けるべきではないでしょうか．

◆障害者排除の水増し雇用

　「役人は数字を作る」とはうまく言ったものです．2018年8月に発覚した中央省庁での障害者雇用の水増し問題（以下，水増し問題）は，まさにこれを地でいきました．

　障害者の雇用の促進等に関する法律によって，公的部門では，2017年の時点で2.3％の障害のある職員を雇用しなければならないことになっていました．公表された数値は2.49％で，法定雇用率をクリアしているとしていました．ところが，公表の数値が事実とは大きく異なっていました．前述の通り，法定雇用率の2.3％に対して公表の数値は2.49％で，実際には1.18％でしかなかったのです．発覚の発端は，報道関係者の疑問でした．2018年5月以降の関係部署への照会等を経て，同年8月の新聞報道へとつながりました．

　33省庁のうち，27省庁（80％余）までが手を染めていました．政府は，「20年ほど前から」としていますが，その後の報道で，省

庁によっては障害者雇用促進法の前身の身体障害者雇用促進法が制定された1960年当時から続いていたことがわかってきました．悪質ぶりにも驚きです．裸眼視力をそのまま視覚障害と見立てたり，うつ病や糖尿病，がんなどの既往歴のある人を障害者に含めていました．それにとどまらず，省庁によっては障害のある100人近い退職者や死亡した人までカウントされていたのです．

　水増し問題は，中央省庁にとどまりませんでした．同様の問題が都道府県や市区町村などの地方公共団体，さらには政府関連の独立行政法人にも及んでいました．中央，地方を問わず，公的部門全体で「水増しまみれ」が常態化していました．

　ここで，水増し問題の構図（からくり）を考えてみましょう．5つの段階から成っているように思われます．第1段階は，各省庁（その下での部局や課など）での新規に障害者を雇い入れたくないとする根強い姿勢，第2段階は，そうは言っても国の機関として法定雇用率は遵守しなければならない，第3段階では，こうなったら自らの省庁から障害者を探し出そう，さらに第4段階で，探しても現役の障害のある職員が見つからない場合には数字を作り出そう，最後に第5段階で，やれやれ今年度もうまく数字が整った．悪びれる様子もなく，無感覚のうちにこの5段階がくり返されていたのです．

　最大の問題は前述のうちの第1段階で，「新規に障害者を雇い入れたくない」とする姿勢です．ここにこそ水増し問題の本質が潜んでいるのです．明らかな障害者排除であり，「官製の障害者差別」と断じることができます．

　なぜ，障害者排除を行なってきたのでしょう．その答えは明確です．「うちの省庁の労働力の総体が低下してしまう」「職場のバランスが崩れてしまう」という思い込みです．ではどうすればいいのでしょう．その答えも明確です．「労働力の総体を低下させないために障害者個々にどのような支援を行なうべきか」「どうすれば職場のバランスを崩さないで済むか」，これについての想像力を膨らませることであり，知恵と工夫を凝らすことです．

「事件」も同然の水増し雇用の問題です．そこに国の障害者政策の基本姿勢の一端をみる思いがします．前代未聞の重大な出来事でありながら，今なお外部者を入れての本格的な検証の無いことが気になります．

◆立ち上がった優生被害者

　一人の女性の仙台地裁への訴えで，優生保護法被害問題の局面は一変しました．1996年の優生条項の削除から，21年余を経た2018年1月31日のことです．まるで封印状態にあった優生保護法の被害問題でしたが，この訴訟を機に，一気に問題の本質（13頁参照）が白日の下にさらされることになるのです．2021年10月現在で，全国で25人の被害者が原告として立ち上がり（高齢も影響し，2021年11月現在，うち4人が他界），札幌，仙台，東京，静岡，大阪，神戸，福岡，熊本の8つの地裁で訴訟が起こされました．

　仙台地裁への訴訟と前後して，メディアが動き出します．日弁連による「旧優生保護法下において実施された優生思想に基づく優生手術及び人工妊娠中絶に対する補償等の適切な措置を求める意見書」（2017年2月16日）のインパクトも少なくありませんでした．これらにより，社会全体が重い負の歴史に向き合うことになります．また，障害関連団体にあっても，問題の深刻さを再認識することになります．強い反応を示したのは国会でした．強い反応は，優生保護法被害問題をテーマとした議員連盟の創設へとつながり，「旧優生保護法に基づく優生手術等を受けた者に対する一時金の支給等に関する法律」（2019年4月24日施行 以下，一時金支給法）に結びつくことになります．

　優生保護法の被害問題を考える上で，この一時金支給法は一つのポイントになりました．政府や国会の中には，「一時金支給法をもって終息」とする見方が少なくありませんでした．メディアにもそんな雰囲気がありました．現実に，一時金支給法の成立を潮目に関

連報道はめっきり減少しています.

　これに対して，厳しかったのは原告の見解です.「一時金支給法には納得できない. ただちに改正を」, 異口同音にこう述べています. その理由は, 一時金の水準の低さ（320万円）だけではなく, 加害主体のあいまいさ, 検証体制の不十分さ, 一時金の対象に配偶者が入っていないなどをあげています. 例えば, 加害主体について, 法律は,「我々は, それぞれの立場において, 真摯に反省し, 心から深くおわびする」とあり, 原告は,「『我々は』ではなく, 明確に『国』とすべき」としています.

　一時金支給法に落胆した原告らは, あらためて裁判に活路を見い出そうとしています. ところが, 裁判では思わぬ苦戦を強いられています. 2021年10月現在で, 仙台, 東京, 大阪, 札幌, 神戸の各地裁で敗訴が続いています. そこに, 共通点を見い出すことができます. それは, 原告と弁護団が中心テーマとしていた「憲法違反」をめぐる問題ではありません. 違憲問題に関しては, 裁判官はむしろ好意的な見解を示しています. 問題は, 除斥期間です. 除斥期間とは, 民法の規定で, 不法行為があってから20年間を経過すると, 国家賠償の請求権を失うというものです. 除斥期間という, 言わば伏兵に進路を阻まれ, 本質的な争点にたどり着けないという状況が続いています.

　障害者政策史上最大かつ最悪の問題である優生保護法について, この国は一度も正式な総括を行なっていません. なぜ新憲法下でこうした法律が生まれたのか, なぜ48年間も続いたのか, なぜ法が失効してから20年以上も何も講じてこなかったのか, 疑問は募る一方です. しかし, 1996年の法改正時も, 2019年の一時金支給法の制定時も, 国会での検証や総括はなされてきませんでした. 司法への期待は強く, たかが除斥期間の問題で真の総括を逃すとすれば, それは本末転倒というものです.

◆鉄道駅の無人化問題

「健常の皆さんが，列車を利用するのに，事前電話予約をして，行き先も時刻も名前も聞かれたら，それを黙って受け入れるでしょうか」と鋭く問いかけるのは，JR九州駅無人化訴訟の原告ら3人です．

原告ら大分市在住の障害者は，県内で急速に進むJR九州の廃駅や無人化，減便政策に強い危機意識を抱いていました．とくに無人化の問題は深刻で，2017年現在で県内の85駅のうち，55駅までが無人化となっています．大分市内の駅を中心に，これをさらに進めようというのがJR九州の方針です．原告らは，新たな無人駅を作らせてはならないと立ち上がりました．条例に則って県に対して特定相談を申し立てました．しかし県の対応からは解決の見通しが立たず，2020年9月23日にJR九州を相手取って訴訟に踏み切ったのです．

わが町の表玄関であり，もう一つの市民センターとなるのが鉄道駅です．そして，独特の雰囲気を醸し出します．改札を通過した瞬間に何となく新たな世界を感じ，戻りは戻りで，改札を出た瞬間に「ああ帰ってきた」と安堵するのが地元の駅です．もう一つの市民センターにしても，独特の雰囲気にしても，大きな前提となるのが，「いつでも利用できる」（自由性）と「安心して利用できる」（安全性）です．これによって，障害者や高齢者も，駅を自身の生活の一部に組み込んできたのです．ここに至るまでには，鉄道事業者はもとより，税金の投与を含む行政の関わり，そして利用者の愛着と負担（運賃）など，社会の合作としての公共財に成長したのが駅なのです．

こうした公共財としての鉄道駅が，鉄道事業者の一方的な思惑で変質してしまうというのはいかがでしょう．歴史の中で生まれた公共性というのは，政策的にも，道義的にも簡単に崩されることがあってはなりません．加えて，大分での訴訟は重大なことを提起して

います．それは，鉄道駅に不可欠な「いつでも利用できる」「安心して利用できる」が障害者に損なわれることの問題です．事前に，行き先と時刻，氏名を告げなければならないというのは，個人の自由の制限です．個人情報保護の視点からも解せません．また，JR九州の安全性の考え方は，カメラの遠隔操作で大丈夫というものです．これで，ホーム転落や車両接触などの緊急時に対応できるはずがありません．全体として，障害のない人との不平等が増すことは明らかです．JR九州の姿勢からみえてくるのは，想像力の欠如です．障害者にとっての自由の尊さ，不安の解消，そして平等の確保，これらに想いが至っていないのです．

　現在，全国の鉄道駅の約半数が無人の状態です．残念ながら，前述したテーマ，すなわち鉄道駅が備えるべき公共性，また障害者や高齢者の観点からの自由性や安全性，平等性についてはほとんど議論されていません．大分の訴訟は，加速する無人化問題を，いったん立ち止まって考えようというものです．

　鉄道駅の無人化問題には，もう一つ大事なテーマが潜んでいます．それは，町の中の無人化地帯が増えていることとの関係です．さしあたっては，店舗の無人化の増加傾向です．無人は最大のバリアと言っていいと思います．広がる社会の無人化問題にどう向き合うのか，大分の訴訟は，これらにも一石を投じるものです．

資　　料

■表　1979年以前の障害者施策の動き

■障害のある人の分岐点　年表

表　1979年以前の障害者

障害者施策の動向等		JD 加盟団体等の結成など※	
1900	精神病者監護法制定	1908	全国社会福祉協議会（中央慈善協会）
1919	精神病院法制定	1932	鉄道弘済会
1931	らい予防に関する件（ハンセン病患者の終身隔離開始）	1934	日本知的障害者福祉協会（日本精神薄弱児愛護協会）
1946	糸賀一雄らが知的障害児入所教育施設（近江学園）を設立	1940	日本点字図書館
		1947	全日本ろうあ連盟（5月）
1947	教育基本法・学校教育法制定（3月）／児童福祉法制定（12月）	1948	日本患者同盟（日本国立私立療養所患者同盟（3月）／日本視覚障害者団体連合（日本盲人会連合）（8月）
1948	優生保護法制定（7月）		
1949	身体障害者福祉法制定（12月　18歳以上の障害者に身体障害者手帳交付・補装具交付等）	1952	鉄道身障者福祉協会／全国手をつなぐ育成会連合会（精神薄弱児育成会）（7月）／日本肢体不自由児協会
1950	精神衛生法制定（5月　私宅監置の廃止，強制入院の制度化）／児童福祉法改正（5月　療護施設を肢体不自由児施設と虚弱児施設に整理）	1953	日本盲人社会福祉施設協議会
1952	身体障害者旅客運賃割引規定の公示（4月　国鉄）	1956	口と足で描く芸術家協会（身体障害芸術協会）
		1957	青い芝の会（11月）
1953	らい予防法制定（強制隔離強化）	1958	日本身体障害者団体連合会（6月）
1954	児童福祉法改正（3月　育成医療給付の創設）／身体障害者福祉法改正（3月　更生医療給付の創設等）	1959	全国脊髄損傷者連合会（全国脊髄損傷者療友会）（10月）
		1960	日本リウマチ友の会
1957	児童福祉法改正（4月　知的障害児通園施設の明記）	1961	全国救護施設協議会／ゼンコロ（全国コロニー協議会）（10月）
1958	精神科特例（厚生省事務次官通知）	1963	全国障害者とともに歩む兄弟姉妹の会（全国心身障害者をもつ兄弟姉妹の会）／日本リハビリテーション医学会（9月）
1960	精神薄弱者福祉法制定（3月）／身体障害者雇用促進法制定（7月）		
1961	精神衛生法改正（4月　措置入院の経費，国庫負担2分の1→10分の8）／児童福祉法改正（6月　3歳児健康診査等の創設）／「身体障害者雇用促進月間」設定（9月）／障害福祉年金支給開始（11月）	1964	日本筋ジストロフィー協会／日本障害者リハビリテーション協会（9月）／日本精神保健福祉士協会（日本精神医学ソーシャル・ワーカー協会）
1964	重度精神薄弱児扶養手当法制定（7月　家庭介護の重度精神薄弱児に支給）	1965	日本パラスポーツ協会（日本身体障害者スポーツ協会）／全国精神障害者家族連合会（9月）後継は全国精神保健福祉会連合会
1965	精神衛生法改正（6月　通院患者医療費に2分の1公費負担制度創設，精神衛生センター設置等）	1966	日本アビリティーズ協会／日本作業療法士協会／日本理学療法士協会（7月）
1966	特別児童扶養手当法制定（7月）	1967	全国障害者問題研究会（8月）／障害者の生活と権利を守る全国連絡協議会（12月）
1967	身体障害者福祉法改正（8月　心臓・呼吸器機能障害を対象拡大，身体障害者相談員の設置，身体障害者家庭奉仕員の派遣等）／児童福祉法改正	1968	日本自閉症協会（自閉症児者親の会全国協議会）
		1969	共同作業所第1号「ゆたか共同作業所」（名古

施策等の動き

社会保障・社会福祉等の動向（事件等含む）	国際的な動向
1874 恤救規則	1933 日本，国際連盟脱退（3月）
1920 内務省社会局発足	1939 第2次世界大戦開戦（9月）
1929 救護法（4月制定）	1941 太平洋戦争開戦（12月8日）
1933 児童虐待防止法制定（4月）／皇室より金1万円下賜（12月 社会事業研究所設立に充当，1934年設立）	1945 東京大空襲（3月）／広島・長崎原子爆弾投下（8月）／第2次世界大戦終結（8月ポツダム宣言受諾）
1937 母子保護法制定（3月）／軍事扶助法制定（3月）	
1938 厚生省創設．同時に同省に優生課新設（1月）／社会事業法制定（第73回帝国議会）／国民健康保険法制定（4月）	1955 ILO 国際労働機関・身体障害者（後に「障害者の」と訂正）職業更生に関する勧告（第99号）
1940 国民優生法制定（3月 優生保護法前身）	1964 東京オリンピック開催（10月）
1941 労働者年金保険法制定／医療保護法制定（3月）	1967 障害，老齢及び遺族給付に関する条約（6月 第51回 ILO 総会で採択）
1942 戦時災害保護法制定（2月）	
1943 軍事扶助法改正（3月）	1968 児童権利憲章（11月 第23回国連総会で採択）
1944 厚生年金保険法制定（労働者年金保険法改正）	
1945 厚生省「救済福祉に関する件」をGHQに提出（12月）／「生活困窮者緊急生活援護要綱」閣議決定（12月）	1971 知的障害者の権利宣言（12月 第26回国連総会で採択）
1946 日本国憲法制定（11月 翌年5月施行）	1975 国際婦人（女性）年／障害者の権利宣言（12月 第30回国連総会で採択）／心身障害者の職業更生及び社会復帰に関する決議（12月 第60回 ILO 総会）
1947 保健所法制定	
1948 社会保障制度審議会設置法制定（1949年に社会保障制度審議会設置 首相諮問機関）	
1950 社会保障制度審議会「社会保障制度に関する勧告」（1950年勧告）／生活保護法制定	1976 障害の防止とリハビリテーション（5月 第29回 WHO 世界保健機関総会で採択）12月 第31回国連総会で1981年を国際障碍者年と決議
1951 社会福祉事業法制定（3月）	
1954 厚生年金保険法制定（5月）	
1956 長野県で家庭養護婦派遣事業開始（日本初のホームヘルパー派遣）	1979 国際児童年／身体障害者に関する決議（7月 第65回 ILO 総会で採択）／国際障害者年行動計画（12月 第34回国連総会で採択）
1958 国民健康保険法制定（12月）	
1959 国民年金法制定（4月）	
1963 老人福祉法制定（特別養護老人ホーム制度化・老人家庭奉仕員派遣の制度化）	
1964 ライシャワー事件（3月）／母子福祉法制定（7月）	
1967 朝日訴訟最高裁判決	
1969 美濃部都政で老人医療費の無料化（低所得の70歳以上）	
1971 「社会福祉施設緊急整備5か年計画」スタート（1月）／児童手当法制定（5月）	
1972 老人福祉法改正（老人医療費無料化等）	
1973 社会福祉予算確保緊急全国大会開催（12月 東京）／福祉元年（医療保険法改正―家族に7割給付，年金法改正―物価スライド制導入）	
1974 雇用保険法制定／東京都の障害児全員就学実施（4月）	

障害者施策の動向等	JD 加盟団体等の結成など※
（8月　重症心身障害児施設の創設等）／精神薄弱者福祉法改正（8月　授産施設の新設） 1969　心身障害者扶養保険制度実施（12月） 1970　心身障害者対策基本法制定（5月） 1972　身体障害者福祉法改正（腎臓機能障害を対象拡大等）（7月）／特別児童扶養手当法改正（内部障害・精神障害・併合障害を対象拡大）（10月） 1973　療育手帳制度要綱通知（9月） 1975　特別児童扶養手当等の支給に関する法律の改正（中程度障害児を対象拡大）（6月） 1976　身体障害者雇用促進法改正（法定雇用率の義務化，納付金制度の創設等）（5月） 1979　養護学校教育の義務制実施（4月）／民法等改正（身体障害者を準禁治産宣告要件から除外）（12月）	屋）／東京都身障運転者協会／障害者（児）を守る全大阪連絡協議会 1971　全国腎臓病協議会（全国腎臓病患者連絡協議会）／日本職業リハビリテーション学会（日本障害者リハビリテーション研究会） 1972　全国難病団体連絡協議会 1974　知的・肢体障害者「あさやけ作業所」（東京・小平市）／全国手話通訳問題研究会／全国「精神病」者集団（5月）／日本発達障害連盟（日本精神薄弱者福祉連盟）（10月） 1975　全国患者団体連絡協議会／ありのまま舎 1976　日本てんかん協会／小川駅の改善をすすめる会／初の精神障害者「あさやけ第二作業所」（10月）（小平市）／障害者の生活保障を要求する連絡会議 1977　きょうされん（共同作業所全国連絡会）（8月）／全国社会就労センター協議会（全国授産施設協議会） 1979　難民を助ける会［AAR Japan］／国立障害者リハビリテーションセンター（国立身体障害者リハビリテーションセンター） ※（　）内は発足当時の名称

社会保障・社会福祉等の動向（事件等含む）	国際的な動向
1977　全国青い芝の会，川崎バス闘争（4月）	

障害のある人の

		障害者施策の動向等		JD（■）及び障害団体等の主な活動
1980（昭和55）年	2月	保育所における障害児受け入れ通知／身体障害者実態調査実施（全国の18歳以上の身体障害者197万7,000人，人口比2.4％）／10年ぶりに身体障害者実態調査を実施	2月	■国際障害者年日本推進協議会(以下推進協)設立準備会
	3月	総理府に国際障害者年推進本部（内閣総理大臣を本部長に設置＜閣議決定＞）	4月19日	■設立発起人会　第1回協議員総会（設立総会，加盟67団体で発足）
	4月	心身障害児総合医療療育センター設置（日本肢体不自由児協会に事業委託）／公営住宅法の改正（身体障害者等の単身入居の途を開く）	7月	■第2回協議員総会　国際障害者年を迎えるに当たって「政府に対する要望」を議決（8月に提出）
	5月	中央心身障害者対策協議会（心身協）の中に国際障害者年特別委員会（委員60名）を設置	9月	■「IYDP情報」創刊号発行
	6月	身体障害者の航空旅客運賃の割引実施	12月	■国際障害者年推進プレ国民会議　93団体・450名参加
	8月	中央心身協，国際障害者年事業の在り方について意見具申／政府の国際障害者年推進本部「国際障害者年事業の推進方針」を決定		長野県障害者運動推進協議会設立
	9月	総理府「勤労意識・心身障害者の就業に関する世論調査」実施（2006年より，内閣府による「障害者に関する世論調査」）		奈良県障害者協議会設立
	12月	身体障害者雇用促進法の一部改正（身体障害者雇用納付金制度に基づく助成金の拡大）		
1981（昭和56）年	1月	首相「国際障害者年を迎えて」と題する声明発表	6月	■福祉映画祭（以後，1991年度まで開催）
	2月	建設省「官庁営繕における身体障害者の利用を考慮した設計指針」を策定	8月	障害児の国際児童画展／■アジアリハビリテーション中堅指導者研修／子どもの集い
	5月	第3セクター方式による最初の重度障害者雇用企業「吉備松下（株）〔現パナソニック吉備（株）〕」操業開始／「障害に関する用語の整理のための医師法等の一部を改正する法律」制定（つんぼ・おし・めくらの法律からの除去）	9月	世界のポスター展／■アジア交流セミナー／■障害者ヨーロッパ調査研修ツアー／■長期行動計画作成研究集会
			11月	■「長期行動計画」採択（第5回協議員総会）
	12月	政府，毎年12月9日を障害者の日と宣言	12月	国際障害者年記念国民会議（NHK大ホール）
				埼玉県障害者協議会設立
		国際障害者年記念式典および各種事業の実施		全国視覚障害児（者）親の会設立
1982年	1月	中央心身障害者対策協議会「国内長期行動計画の在り方について」意見具申	3月	■「完全参加と平等をめざして」発行（推進協編集）
	3月	国際障害者年推進本部「障害者対策に関する長期計画」を策定／「身体障害者の利用を配	11月	■長期行動計画推進全国会議（国民会議，1991年まで開催）「長期行動計画」発表

7

分岐点　年表

社会保障・社会福祉等の動向（事件等含む）	国際的な動向
6月　児童扶養手当締め付け「適正化」通知 8月　老人福祉法改正（老人ホーム費用徴収に本人負担追加） 11月　健康保険法一部改正（国庫負担25％削減，1981年実施）／臨時行政調査会設置法成立（第二次臨時行政調査会発足させ，「増税なき財政再建」） 12月　東京都武蔵野市，有償在宅サービス事業開始（公社設立は1981年4月）	5月　ユニセフ1980年委員会「児童と障害：その予防とリハビリテーション」採択（5月） 6月　国際障害者リハビリテーション協会（RI）世界会議（カナダ）で「80年代憲章」制定／パラリンピックアーネム大会（オランダ）開催（この大会から脳性マヒ者が参加）／WHO「国際障害分類試案」（ICIDH）発表（障害を「機能障害」，「能力障害」「社会的不利」の3つのレベルに区分）
6月　母子及び寡婦福祉法制定（母子福祉法改正，2014年に「母子及び父子並びに寡婦福祉法」に改称） 7月　第二次臨時行政調査会設置：第一次答申発表（増税なき財政再建，3公社民営化，提案項目7割が国民負担増，給付切り下げ等） 8月　「行革大綱」閣議決定（補助金整理一括法案） 11月　「行革」一括法案成立（児童手当縮小，40人学級棚上げ等36本法案）／生活保護123号通知（しめつけ「適正化」，「一括同意書」等）	「国連・国際障害者年」（IYDP） 3月　世界リハビリテーション機器展開催（フランス） 10月　第1回国際アビリンピック（国際身体障害者技能競技大会）日本（東京）で開催（以後4年毎に開催） 11月　第1回大分国際車いすマラソン大会開催（117名参加）／障害者インターナショナル（DPI）発足　第1回世界会議開催（シンガポール）
2月　臨調第二次答申（許認可等の整理合理化） 7月　臨調第三次答申＝基本答申（「活力ある福祉社会」，国鉄・電電・専売3公社の分割・民営化） 8月　老人保健法制定（老人医療費の社会保険化・有料化等　1983年	7月　国連高齢者問題世界会議，ウィーンで開催 12月　第37回国連総会「障害者に関する世界行動計画」及び「障

障害者施策の動向等		JD（■）及び障害団体等の主な活動	
1 9 8 2 （昭和57）年		慮した建築設計標準」を策定	12月	■障害者関係図書ブックフェア（以後，1993年度まで開催）
	4月	障害者対策推進本部を設置（閣議決定）		
	7月	「堀木訴訟」最高裁，上告を棄却／道路交通法施行令の改正（身体の障害に係る運転免許の欠格事由の見直し）／身体障害者福祉審議会「今後における身体障害者福祉を進めるための方策」答申（内部障害者の対象化，障害程度の等級評価改善等）／障害に関する用語の整理に関する法律制定（不具・奇形・廃疾・白痴者を法律から除去）		
	8月	中央児童福祉審議会「心身障害児者福祉のあり方について」意見書提出		
	10月	家庭奉仕員（ホームヘルパー）派遣事業への有料化導入（低所得者世帯限定を廃止）		
	12月	総理府 第1回障害者の日・記念の集いを開催（以後毎年）		
1 9 8 3 （昭和58）年	3月	運輸省 公共交通ターミナルにおける身体障害者用施設設備ガイドライン策定	6月	■総理府に「心身障害者対策基本法の改正に関する要望」，厚生省に「障害者対策の推進に関する要望」を提出
	4月	労働省 障害者雇用対策室を設置	8月	■第2回アジアリハビリテーション中堅指導者研修
	6月	東京都教育委員会 全盲者への都立学校の門戸開放を決定	12月	■長期行動計画推進全国会議国民会議'83「長期行動計画の実現をめざして－きびしい社会情勢のもとで障害者の生活保障を確立するために－」
	7月	「障害者生活保障問題専門家会議」報告書提出（すべての成人障害者の自立生活基盤を形成するため，所得保障制度全般の見直し―基礎年金・特別障害者手当創設の根回し）		全国要約筆記問題研究会設立
	8月	「身体障害者基本問題検討委員会」報告書提出（1984年身体障害者福祉法改正の根回し―範囲拡大，福祉ホーム創設，施設費用徴収金の導入等）		
1 9 8 4 （昭和59）年	3月	宇都宮病院事件，国会で取り上げられる	9月	■政策委員会に6プロジェクト発足，①福祉法制，②就労と雇用，③児童，④生活環境，⑤医療，⑥生活保障
	6月	身体障害者雇用促進法の改正（障害者の範囲の拡大等）	12月	■長期行動計画推進全国会議国民会議'84「長期行動計画の実現をめざして－障害者の生活実態を明らかにし各種制度の総点検を－」
	8月	身体障害者福祉法の改正（障害の範囲拡大，更生施設の整備促進，理念規定の整備）		
	11月	厚生省，精神障害者小規模保護作業所調査を実施		
	12月	全国（身体）障害者総合福祉センター（戸山サンライズ）開館／点字つき新札		
1 9 8 5 （昭和60）年	5月	「精神薄弱者福祉工場の設置及び運営について」通知／宇都宮病院事件について，国際法律家委員会等来日，調査・報告／国民年金法等改正法制定（1986年4月施行，障害基礎年金の導入，1級64,875円，2級51,900円）／特別障害者手当制度の創設	12月	■長期行動計画推進全国会議国民会議'85「障害者運動の活性化を」
	6月	職業能力開発促進法制定（職業訓練法を改称）		

社会保障・社会福祉等の動向（事件等含む）	国際的な動向
2月実施） 9月　「財政非常事態宣言」（鈴木首相） 10月　国民医療費適正化総合対策推進本部設置（健康保険法「改正」準備・促進等） ・特別児童扶養手当見直し（国庫負担削減，自治体20％負担，支給制限強化）	害者に関する世界行動計画の実施」採択，「国連・障害者の十年」（1983～1992）の宣言
2月　臨調第四次答申（総理府に行政改革推進委員会設置を提言） 3月　臨調第五次答申—最終答申（増税なき財政再建を明示等） 5月　「新行革大綱」閣議決定 6月　臨時行政改革推進審議会（行革審）設置 9月　機関委任事務の整理合理化計画，閣議決定 10月　東京高裁，国民年金に加入していた在日韓国人に日本国籍がないことを理由に年金支給しない事件に対し期待権保護の観点で支給するよう判決 11月　行革審に機関委任事務等に関する小委員会発足（1984年5月に「地方行革推進小委員会」に改称） 12月　中央社会福祉審議会「生活保護基準は一般国民の消費実態と比較して妥当な水準に達した」と意見具申（1984年生活保護法改正の根回し）	「国連・障害者の十年」開始 6月　第69回ILO総会「障害者の職業リハビリテーション及び雇用に関する条約」（159号条約），「障害者の職業リハビリテーション及び雇用に関する勧告」採択〔心身障害者に関する雇用〕（168号勧告）
8月　健康保険法等の一部改正（10割給付→定率1割負担導入，退職者医療制度導入等）／臨時教育審議会（臨教審）設置法制定／社会福祉・医療事業団法制定 12月　「地方行革大綱」閣議決定（地方行革の方向性示す　1985年1月に自治省事務次官通達）	8月　国連人権小委員会で宇都宮病院事件を問題視 11月　DPI第1回アジア・太平洋地域会議開催（アデレード）／世界盲人連合（WBU）設立（サウジアラビア）
1月　社会保障制度審議会「老人福祉の在り方について」（建議） 5月　国の補助金等の整理及び合理化並びに臨時特例等に関する法律制定（国庫負担金削減，地方への負担転嫁，機関委任事務を団体委任事務化等）／婦人の年金権「確立」等／男女雇用機会均等法制定（国際婦人年の最終年に施行　母性保護規定の撤廃等） 6月　臨教審第一次答申／児童扶養手当法改正（制限強化・国庫負担削減—新規認定分につき都道府県2割負担）／児童手当法改正（支給期間を義務教育就学前に限定，国庫負担削減等）	4月　タイの労災リハビリテーションセンター業務開始（日本ODA無償援助）

		障害者施策の動向等		JD（■）及び障害団体等の主な活動
1985（昭和60）年	8月	建設省「視覚障害者誘導用ブロック設置指針について」を通達（道路における視覚障害者誘導用ブロックの形状設置方法について定めた）		
	10月	「精神病院入院患者の通信・面会に関するガイドラインについて」通知		
	12月	身体障害者福祉審議会「更生援護施設に係る費用徴収基準のあり方について」意見具申（入所者本人からの費用徴収に重点）／中央児童福祉審議会「精神薄弱者援護施設等に係る費用徴収について」意見具申（入所者本人からの費用徴収に重点）		
1986（昭和61）年	2月	身体障害者福祉審議会「身体障害者更生援護施設への入所措置事務等の団体委任事務化について」答申／中央社会福祉審議会「社会福祉施設への入所措置事務等の団体委任事務化について」答申／中央児童福祉審議会「児童施設への入所措置事務等の団体委任事務化について」答申	4月	■第1回障害者運動リーダー研修会
	7月	障害者施設での費用徴収を実施	6月	■臨教審第3部会へ障害児教育に関する要望書提出
	10月	国立精神・神経センター設置（国立精神衛生研究所，国立武蔵療養所〔神経センターを含む〕を発展的に改組）	7月	■身体障害者更生援護施設の費用徴収問題についてアンケート調査
	12月	公衆衛生審議会精神保健部会「精神衛生法改正の基本的な方向について」（中間メモ）提出	10月	■精神薄弱者更生援護施設の費用徴収問題についてアンケート調査／■中央心身障害者対策協議会特別部会「障害者対策における長期計画」の実施状況に関するヒアリング出席／■自治体及び加盟団体に長期行動計画・前半期の評価と後半期の課題に関するアンケート調査／■アジアの人々と障害者福祉を語る会
			12月	■長期行動計画推進全国会議国民会議'86「後期行動計画の策定に向けて」
				DPI日本会議設立
				全国身体障害者施設協議会設立（全国身体障害者養護施設協議会）
				日本患者・家族団体協議会設立
1987（昭和62）年	2月	「社会福祉法人の認可について」通知	4月	■後期行動計画の重点要望項目決定
	4月	吉備高原総合リハビリテーションセンター開所	7月	■後期行動計画を策定，小委員会設置①福祉法制 ②小規模作業所 ③施設 ④住居とケア ⑤精神障害者福祉
	5月	中央心身障害者対策協議会「『障害者対策に関する長期計画』の実施状況の評価及び今後の重点施策について」意見具申／身体障害者雇用促進法の改正（法律名称の改正〔障害者の雇用の促進等に関する法律〕，対象範囲の拡大，法定雇用率の対象拡大等）／社会福祉士及び介護福祉士法制定	9月	■シンポジウム「生活と福祉を考える」／■アジア指導者ワークショップ
	6月	障害者対策推進本部「『障害者対策に関する長期計画』後期重点施策」策定／国立吉備高原職業リハビリテーションセンター開所／身体障害者雇用促進法改正（精神薄弱者を雇用率に算定）／義肢装具士法制定	12月	■国連・障害者の十年中間年記念国民会議'87「後期行動計画の推進」
				テクノエイド協会設立

社会保障・社会福祉等の動向（事件等含む）	国際的な動向
10月　年金審議会設置 11月　在宅投票制度の廃止は違憲とする訴訟で，最高裁，上告棄却 12月　視力障害者のホームからの転落死亡事故（上野訴訟），東京高裁で和解成立／労働者派遣法制定	
4月　生活保護法改正（勤労控除の見直し等）／臨教審第二次答申 5月　「国の補助金等の臨時特例等に関する法律」制定（社会福祉施設の措置費に対する国の負担割合を2分の1，生活保護・公費負担医療等への国庫補助割合を10分の7　当初1年限りを3年に延長等） 6月　行革審最終答申（マル優・少額貯蓄非課税制度の見直し等）／「長寿社会対策大綱」閣議決定／新「行革審」設置法制定 12月　機関委任事務整理合理化法制定／老人保健法改正（中間施設としての老人保健施設創設，受診料の引き上げ等）	8月　第23回国際社会福祉会議（東京）／国際保健福祉機器展，日本で初めて開催 ・オーストラリア「障害者サービス法」制定 ・イギリス「障害者（援助・助言・代表）法」制定 ・アメリカ「精神障害者のための保護及び権利擁護法」制定
3月　福祉3審議会「資格制度について」意見具申 4月　新「行革審」発足／国鉄の分割・民営化 8月　臨教審最終答申（「日の丸」「君が代」教育の義務化） 9月　売上税法案・マル優廃止等を柱とする所得税法改正案が参議院本会議で可決 10月　国立病院統廃合法制定 12月　福祉3審議会「社会福祉施設（入所施設）における費用徴収基準のあり方について」意見具申，「今後のシルバーサービスの在り方について」意見具申／国保改正，3大臣（厚生・自治・大蔵）合意（国庫負担削減・都道府県負担の強化）	「国連・障害者の十年」中間年 「国連・国際居住年」 8月　国連障害者の十年の中間点で障害者に関する世界行動計画の実施をレビューするグローバルな専門家会議（スウェーデン） 11月　国連総会「障害者に関する世界行動計画の履行および国連・障害者の十年」を決議

		障害者施策の動向等		JD（■）及び障害団体等の主な活動
	9月	精神保健法制定（精神衛生法改正－精神障害者社会復帰施設の法定化等）		
	11月	身体障害者実態調査結果発表（全国の18歳以上の身体障害者241万人，人口比2.7%，重度・重複・高齢化）		
1988（昭和63）年	4月	特別障害者手当，「適正化」による見直し（制度開始3年目で約164億円削減）／ガイドヘルパー制度見直し（ホームヘルパー制度に組み入れ，有料化）	7月	■シンポジウム「視覚障害者と情報」
	7月	社会福祉施設の費用徴収基準改正（精神薄弱者援護施設，B階層〔非課税〕世帯からも徴収）	9月	■福祉映画祭（マリオン）RI世界会議共催
	9月	厚生省社会局長通知「民間事業者による在宅介護サービス及び在宅入浴サービスのガイドラインについて」	10月	■第1回政策懇談会「小規模作業所問題」／■IYDP情報「精神障害者福祉問題」連載
	10月	中央児童福祉審議会「精神薄弱者の居住の場の在り方について」意見具申（グループホーム制度の創設への提言）	12月	■国民会議'88「障害者と人権－人間復権への道－」「障害者の日（12月9日）」を祝日とすることをアピール
	12月	文部省教育課程審議会「盲学校・聾学校及び養護学校の教育課程の基準について」意見具申		
1989（平成1）年	3月	社会福祉関係3審議会合同企画分科会意見具申「今後の社会福祉のあり方について」（市町村の役割重視，在宅福祉の充実，民間事業者など多様な福祉サービス供給主体育成，福祉・保健・医療の連携など）	5月	■第1回政策会議
	4月	国の補助金等の整理および合理化臨時特例に関する法律制定（生活保護法・特別児童扶養手当法・精神保健法による措置入院費の国庫負担が4分の3に）／JR，内部障害者の運賃割引制度適用を運輸省に申請（1990年2月に実施）	8月	ともしび映画祭（以後3年間，福祉映画祭をともしび運動を進める神奈川県民会議と共催）
			10月	■シンポジウム「小規模作業所」「年金問題」
			11月	■事務所移転（東池袋から小茂根へ）
	5月	手話通訳士制度創設／知的障害者のグループホームの制度化（精神薄弱者地域生活援助事業）	12月	■国民会議'89「障害者と人権 PART Ⅱ」－障害者の自立と社会参加－，障害者対策に関する政策提言発表
	10月	NTT104有料化にあたり，視覚障害者は従来通り無料		日本臨床心理士会設立
				無年金障害者の会設立
1990（平成2）年	1月	重症心身障害児通園モデル事業スタート	5月	■国連専門家会議へアピール（障害者権利条約の採択など）
	4月	国立筑波技術短期大学開設		
	6月	社会福祉関係8法改正（老人福祉法・身体障害者福祉法・知的障害者福祉法・児童福祉法・母子及び寡婦福祉法・社会福祉事業法・老人保健法・社会福祉・医療事業団法の一括改正　各法への在宅福祉サービスの法定化，身体障害者福祉関係事務の市町村への一元化等）／通産省「情報処理機器アクセシビリティ指針」策定	7月	■「障害者の日」推進委員会発足
			12月	■国民会議'90「法改正と私たちの福祉」障害者の日イメージキャラクター募集，休日化請願署名運動開始
				全国LD親の会設立

社会保障・社会福祉等の動向（事件等含む）	国際的な動向
4月 マル優（少額貯蓄非課税制度）廃止／生活保護, 34年ぶりの予算削減（250億円, 2.2％減）／国保大改正（「地域医療費適正化システム」（国庫負担対象外基準の設置等） 10月 厚生省・労働省「長寿・福祉社会を実現するための基本的考え方と目標について」（福祉ビジョン）提出 11月 年金審議会, 年金制度改正の意見具申（支給開始年齢引き上げ, 保険料引き上げ, 学生の強制加入等） 12月 消費税含む税制改正6法制定	6月 中国肢体障害者リハビリテーション研究センター開所（日本ODA無償援助） 9月 第16回国際リハビリテーション（RI）世界会議（東京） ・オーストラリア「アクセスと活動・設計に関するオーストラリア基準」を作成
2月 年金法改正（保険料引き上げ, 支給開始年齢引き上げ, 学生強制加入, 完全自動物価スライド制導入等） 4月 消費税3％実施（増税対策として「臨時福祉給付金」（1万円），「臨時介護福祉金」（5万円）支給／国庫負担削減の恒久化（生活保護費4分の3・措置費等2分の1に恒久化等） 12月 国民年金法の一部改正（20歳以上の学生が強制加入に）／高齢者保健福祉十か年戦略（ゴールドプラン）策定（20世紀中の実現目標を厚生・大蔵・自治の3大臣が合意）	6月 「ベリースペシャルアーツ」（障害者芸術祭）世界大会, ワシントンで開催 9月 第5回極東・南太平洋身体障害者スポーツ大会（フェスピック）, 神戸市で開催（41か国, 1,646名） 11月 第6回国際義肢装具連盟世界会議（神戸）／第44回国連総会で「児童の権利に関する条約」採択
2月 バブル経済崩壊（株価暴落）	5月 国連専門家会議（フィンランド）／第1回ソウル国際リハビリテーション機器展開催 7月 ADA（障害のある米国人法）制定（アメリカ） 10月 国際育成会連盟第10回大会（パリ）に日本から5人の本人参加／東西ドイツの統一 ・韓国「障害者雇用促進法」制定

		障害者施策の動向等		JD（■）及び障害団体等の主な活動
	9月	厚生省，精神薄弱児（者）福祉対策基礎調査を実施		
1991（平成3）年	3月	建設省「官庁営繕における身体障害者の利用を考慮した設計指針」を全て盛り込んだ『建築設計基準』を制定	1月	■ポスト国連・障害者の十年の行動計画策定へ（政策委員会）／ILO159号及び児童の権利条約の批准を厚生省・総理府障害者対策推進本部等に要望
	6月	運輸省「鉄道駅におけるエスカレーターの整備指針」を策定	7月	■「障害者の日」休日化運動キャンペーンキャラクター「クッピー」に決定
	7月	中央心身障害者対策協議会，「『国連・障害者の十年』の最終年に当たって取り組むべき重点施策について」意見具申	11月	■「国連・障害者の十年」への地方自治体の取り組みに関する調査実施
	8月	障害者対策推進本部，「『障害者対策に関する長期計画及びその後期重点施策』の推進について」決定	12月	■国民会議'91「『障害者の十年』の評価と今後の課題」
	10月	障害者職業総合センター設立（千葉県幕張）		日本手話通訳士協会設立
	11月	東京都，知的障害者・痴呆性高齢者権利擁護センター"すてっぷ"開所		全日本難聴者・中途失聴者団体連合会設立全国盲ろう者協会設立
	12月	JR等の運賃割引が知的障害者へ適用拡大		全国自立生活センター協議会設立
1992（平成4）年	5月	道路交通法等の改正（身体障害者用車いすの定義の明確化，原動機を用いる身体障害者用の車いすの型式認定の制度の新設）	6月	■「障害者の日」の休日化を求める国会要請行動（〜1993年3月）／■厚生大臣へ「国民年金法等改正についての要望書」「精神保健法見直しについての意見」提出
	6月	障害者の雇用の促進等に関する法律の改正（障害者雇用対策基本方針の策定，重度知的障害者の雇用率制度におけるダブルカウント等）／第13次国民生活審議会総合政策部会一次報告「個人の生活を重視する社会へ」（ノーマライゼーションの理念実現のための諸政策の推進を提唱）／社会福祉事業法等の改正（福祉人材確保のための基本指針の策定等）／ILO第159号条約の批准／「ODA大綱」公表（障害者等社会的弱者への配慮を規定）	9月	リハ協・全社協共催，ジャスティン・ダート氏（米国障害者雇用大統領委員長）来日記念「講演と交流の会」
			10月	「国連・障害者の十年」最終年記念「列島縦断キャラバン」「市町村網の目キャラバン」スタート
			11月	厚生省・全日本手をつなぐ育成会などの主催で第1回全国知的障害者スポーツ大会（ゆうあいピック）東京で開催
	7月	国際法律家委員会による第三次調査団報告（精神保健法改正に向け提言）／精神障害者のグループホーム制度開始	12月	「国連・障害者の十年」最終年記念国民会議92（6〜8日）主唱団体は推進協・日身連・リハ協・全社協
1993（平成5）年	1月	中央心身障害者対策協議会が「『国連・障害者の十年』以降の障害者対策の在り方について」意見具申	3月	■協議員総会にて「日本障害者協議会（JD）」と改称を決定
	3月	障害者対策推進本部が「『障害者対策に関する新長期計画』－全員参加の社会づくりをめざして－」策定	4月	■JD発足（1日）／■国会，政党への心身障害者対策基本法改正にむけた要望活動，意見交換の実施（〜10月）
	4月	労働省，障害者雇用対策基本方針を告示／職業能力開発促進法の一部改正（障害者職業訓練校を障害者職業能力開発校へ改称）／文部省，軽度の障害がある児童生徒に対する通級	8月	■「IYDP情報」から「JDジャーナル」に改題
			9月	■政党等へ「障害者の年金に関する緊急要望書」提出
			12月	■新10年推進フォーラム'93（以後，2001年

社会保障・社会福祉等の動向（事件等含む）	国際的な動向
・	・イギリス「国民サービス及びコミュニティ・ケア法」制定
11月 社会保障制度審議会に「社会保障将来像委員会」を設置 12月 育児休業法制定（施行は1992年）	7月 第11回世界ろう者会議を東京で開催 8月 ESCAP「国連・障害者の十年における成果の見直しと評価に関する専門家会議」開催（バンコク） 12月 国連総会「精神病者の保護及び精神保健ケア改善のための原則」採択 ・中国「障害者保障法」制定
	「国連・障害者の十年」最終年 4月 国連・専門家会議で第2期「国連・障害者の十年」の策定を求める（カナダ）／ESCAP「アジア太平洋障害者の十年」（1993年～2002）決議 9月 バルセロナパラリンピック競技大会（スペイン）開催（知的障害者部門が創設、「パラリンピック・マドリッド92」として開催） 12月 第47回国連総会「12月3日を国際障害者デー」とする宣言を採択 ・オーストラリア「DDA法（連邦障害者差別禁止法）」制定 ・フィリピン「障害者のマグナカルタ」制定
4月 福祉人材確保指針策定 8月 細川連立内閣誕生（非自民 ～1994年4月） ・社保審の「社会保障将来像委員会」第1次報告「社会保障の理念等の見直しについて」発表	「ESCAP・アジア太平洋障害者の十年」開始 4月 ESCAP「アジア太平洋障害者の十年」（1993～2002）行動課題決定 8月 世界精神保健連盟'93世界会議開催（千葉） 12月 第48回国連総会「障害者の機会均等化に関する基準規則」採択

		障害者施策の動向等	JD（■）及び障害団体等の主な活動
1993（平成5）年		による指導を制度化／「精神薄弱者援護施設等入所者の地域生活への移行の促進について」厚生省児童家庭局長通知	まで毎年開催）「『国連・障害者の十年』から『アジア太平洋障害者の十年』へ 今，わたしたちに問われているものは」
	5月	福祉用具の研究開発及び普及の促進に関する法律の制定（福祉用具の研究開発等に関する基本方針の策定等）／身体障害者の利便の増進に資する通信・放送身体障害者利用円滑化事業の推進に関する法律の制定（身体障害者向けの通信・放送のサービスに対する助成等）	全国精神障害者団体連合会設立 日本社会福祉士会設立
	6月	精神保健法の改正（精神障害者の定義の改正，社会復帰のための事業の規定，資格制度の緩和等）	
	8月	運輸省「鉄道駅におけるエレベーターの整備指針」策定	
	12月	障害者基本法の制定（法律名称の改正，障害範囲の見直し，障害者の日を規定，障害者計画の策定義務化等）	
1994（平成6）年	3月	児童（子ども）の権利条約批准／運輸省「公共交通ターミナルにおける高齢者・障害者等のための施設整備ガイドライン」を策定	2月 ■ソーニャ・カライス・ストッコム氏（ウプサラ大学教授）公開講演会（障害者職業総合センター共催）／■障害年金改善にむけた学習会
	6月	建設省「生活福祉空間づくり大綱」を策定／「高齢者・身体障害者等が円滑に利用できる特定建築物の建築の促進に関する法律」を制定	3月 ■国際家族年についての学習会 4月 「新・障害者の十年推進会議」を日身連，全社協，リハ協との4団体で結成
	8月	運輸省「みんなが使いやすい空港旅客施設新整備指針（計画ガイドライン）」を策定	6月 ■政党，厚生省へ「障害者の年金に関する緊急要望書」提出／全国障害学生支援センター「大学における障害者の受け入れ状況に関する調査」開始
	10月	建設省「高齢者・身体障害者の利用に配慮した建築設計標準」を策定	9月 ■運輸省へ「障害者に関する交通政策についての要望書」提出
	12月	障害者基本法に基づく初めての「障害者白書」を刊行／「高齢者介護・自立支援システム研究会」公的介護保険制度の創設を柱とする報告書提出	11月 ■拡大理事会「障害者福祉法制を考える」 12月 ■新長期行動計画発表／■新十年推進フォーラム '94「新たな障害者立法・行政機構のあり方を探る」／新・障害者の十年推進会議発足／■パネルディスカッション「『障害者の生活環境』最前線を探る！」 日本介護福祉士会設立 日本病院・地域精神医学会設立 エイブル・アート・ジャパン（日本障害者芸術文化協会）設立 交通エコロジー・モビリティー財団（交通アメニティ推進機構）設立

社会保障・社会福祉等の動向（事件等含む）	国際的な動向
3月　高齢社会福祉ビジョン懇談会「21世紀福祉ビジョン」発表 6月　健康保険法一部改正（育児休業期間中の本人負担分の免除等） 9月　社保審「社会保障将来像委員会第二次報告」 11月　年金法改正（厚生年金保険の特別支給の老齢厚生年金定額部分の支給開始年齢を60歳から段階的に65歳に引き上げ）／厚生年金保険法改正（育児休業期間中の本人負担分の免除等） 12月　エンゼルプラン（子育て支援のための総合計画）／新ゴールドプラン策定（高齢者介護サービス基盤整備目標を厚生・大蔵・自治の3大臣が合意）	「国連・国際家族年」 3月　リレハンメルパラリンピック冬季競技大会 6月　ユネスコ「スペシャル教育に関する世界会議」開催（スペイン），「サラマンカ宣言」採択 9月　世界人口開発会議（カイロ）でDPI日本会議女性障害者ネットワークが優生保護法の問題を提起 12月　第49回国連総会『障害者の社会への完全統合に向けて，「障害者の機会均等化に関する規準規則」と「2000年及びそれ以降への障害者に関する世界行動計画を実施するための長期戦略」の実施』を採択

		障害者施策の動向等		JD（■）及び障害団体等の主な活動
1995（平成7）年	4月	障害者等情報処理機器アクセシビリティ指針公表／日本らい学会（現日本ハンセン病学会）が「らい予防法」の廃止を求める統一見解を発表	1月	■「阪神・淡路大震災《被災障害者》の状況調査及び援護に関する緊急要望書」を厚生大臣に提出
	5月	総理府「市町村障害者計画策定指針」を策定／「精神保健法」から「精神保健及び精神障害者福祉に関する法律」へ改正	3月	セミナー「障害者と家族，その法制度を考える」（心身協共催）
	6月	障害者対策推進本部「障害者週間」の設定	4月	■「障害者プラン」策定に向けた政府，国会への働きかけ（～12月）
	12月	障害者対策推進本部「障害者プラン（ノーマライゼーション7か年戦略）」を策定	7月	■障害者施策の拡充に関する緊急要望を厚生大臣に提出
			8月	■「障害者保健福祉施策推進本部中間報告」に関する緊急加盟団体代表者会議／■障害者福祉法制定特別委員会設置／障害保健福祉懇話会開催（新・障害者の十年推進会議主催）
			11月	市町村障害者計画に係る市町村長アンケート調査（新・障害者の十年推進会議主催）
			12月	■新10年推進フォーラム'95「どう変わる，どう変える障害者施策」，障害者福祉法試案（第1次）を提案 ■ホームページ開設
1996（平成8）年	1月	総理府「障害者対策推進本部の設置について」の一部改正 「障害者対策」を「障害者施策」に改める	2月	「障害者に関する新長期計画推進国際セミナー」（新・障害者の十年推進会議主催，戸山サンライズ・大阪国際交流センター）
	3月	文部省「盲学校，聾学校及び養護学校施設整備指針」を策定／「福祉のまちづくり計画策定の手引き」を地方公共団体宛に通知（建設省・厚生省）	3月	■全国会議員に対する要請行動（「障害者の日」の休日化，優生保護法の見直し，欠格条項の見直し）／全日本手をつなぐ育成会，「第1回本人活動支援セミナー」
	4月	らい予防法廃止	6月	全国精神障害者家族会連合会，精神保健福祉施設「ハートピアきつれ川」開所
	6月	母体保護法の制定（優生保護法の改正，優生条項の撤廃）	10月	■「障害者の日」に関する街頭アンケート，都内近郊他13か所で実施
	7月	厚生省大臣官房に障害保健福祉部を創設	12月	■「障害者に関する総合計画提言」作成開始 ①所得保障，②施設制度・施設体系，③職業リハビリテーション・雇用制度，④地域生活と介護制度のあり方，⑤交通アクセス・まちづくり・住居等，⑥情報保障／■新10年推進フォーラム'96「なぜ進展見ない市町村障害者計画どう推進する市町村障害者計画」，「障害者福祉法への試案」を報告
	8月	公営住宅法の一部改正		
1997（平成9）年	4月	障害者の雇用の促進等に関する法律の一部を改正する法律制定．知的障害者を含めた雇用率の算出へ	3月	■パソコンボランティア・カンファレンス（PSVC'97）「パソコンボランティアと障害者ネットワークの挑戦」（以後，2004年まで開催）
	5月	放送法及び有線テレビジョン放送法の一部を改正する法律制定	5月	■協議員総会，政策会議で，障害者に関する総合計画提言（第1次中間報告）報告
	6月	介護等体験特例法制定	9月	■臨時協議員総会，社団法人日本障害者協議会設立総会（戸山サンライズ）．後に社団法人ではなくNPO法人に
	12月	障害関係3審議会合同企画分科会が「今後の障害保健福祉施策の在り方について（中		

社会保障・社会福祉等の動向（事件等含む）	国際的な動向
1月17日　阪神淡路大震災（M7.3）	6月　アジア太平洋障害者の十年
1月　阪神・淡路大震災による施設の被害状況確認，利用者・職員の安否確認，避難生活者への支援を目的に関係団体が合同で，障害者支援センターを兵庫県福祉センター内に設置／育児休業給付金支給（雇用保険の被保険者対象）	ESCAP政府間評価会議開催（タイ） ・イギリス「障害者差別法」制定
3月　オウム真理教地下鉄サリン事件	・インド「障害者法」制定
7月　社会保障制度審議会「社会保障体制の再構築—安心して暮らせる21世紀の社会をめざして」勧告（国民の自立と社会連帯を強調）	
10月　水戸パッケージ事件（アカス紙器事件）発覚（障害者雇用優良企業における解雇・虐待事件）	
12月　高齢社会対策基本法施行	
5月　「サン・グループ」事件発覚，社長逮捕（滋賀）	8月　アトランタパラリンピック競技大会
7月　「高齢社会対策大綱」閣議決定	
10月　日本経営者団体連盟「今後の社会保障構造改革についての提言」発表	・香港「障害者差別禁止条例」制定
11月　社会保障関係審議会会長会議「中間まとめ」発表（社会保障構造改革の基本的方向—公私役割分担・規制緩和・民間活力導入等）	
12月　経済団体連合会「世代を越えて持続可能な社会保障制度を目指して」発表	
4月　経済同友会「安心して生活できる社会を求めて」発表	8月　スウェーデンで障害者等への優生学的な強制不妊手術が行われていたと報道
6月　児童福祉法改正	
8月　厚生省・社会福祉事業等の在り方に関する検討会	
10月　人口問題審議会「少子化に関する基本的考え方について」発表（未来世代に対する人口減少社会への対応）	11月　障害者就労支援のために「アジア太平洋地域ワークセンターネットワーク」（APWD）発足／アジア太平洋障害者の十年中間年記念芸術祭「アジアの
11月　厚生省「社会福祉の基礎構造改革について（主な論点）」／財政構造改革法制定	
12月　介護保険法制定（2000年4月施行）	

	障害者施策の動向等	JD（■）及び障害団体等の主な活動
	間報告）」を公表／精神保健福祉士法制定／言語聴覚士法制定	12月 ■新10年推進フォーラム'97「障害者施策の近未来を探る」,「障害者に関する総合計画提言（第2次中間報告）」によるシンポジウム 日本福祉のまちづくり学会（福祉のまちづくり研究会）設立
1998（平成10）年	3月 障害者雇用対策基本方針告示（障害者雇用支援センターの全国配置化） 4月 法制審議会民法部会「成年後見制度の改正に関する要綱試案」発表 7月 ハンセン病元患者が国に損害賠償求めて熊本地裁に提訴 9月 精神薄弱の用語の整理のための関係法律の一部を改正する法律の制定（精神薄弱者を知的障害者へ） 10月 郵政省「障害者等電気通信設備アクセシビリティ指針」告示	1月 ■精神保健福祉法改正に係る要望書提出 3月 ■PSVC'98（長野パラリンピック冬季競技大会公式文化プログラムとして開催）／■社会福祉基礎構造改革に関する社会・援護局長,障害保健福祉部長との意見交換（～1999年3月） 5月 ■協議員総会にて「障害者に関する総合計画提言」を承認 6月 ■無年金障害者の救済など年金制度改正に関する要望（国会・厚生省へ～1999年2月） 8月 ■「障害者に関する総合計画提言」発表 10月 ■「無年金問題を考える」 11月 ■総理府障害者施策推進本部へ欠格条項の見直しに係る要望書提出／■精神保健福祉法改正に係る要望書提出 12月 ■新10年推進フォーラム'98「21世紀を切り拓く障害者施策」, 6政党代表者によるシンポジウム 難病のこども支援全国ネットワーク設立 障害者放送協議会設立
1999（平成11）年	1月 第1回精神保健福祉士国家試験／障害者関係3審議会合同分科会「今後の障害保健福祉施策の在り方について」の意見具申／中央児童福祉審議会障害福祉部会「今後の知的障害者・障害児施策の在り方について」意見具申 3月 国民年金法等の一部を改正する法律の一部を改正する法律制定 4月 運輸省「鉄道駅におけるエレベーター及びエスカレーターの整備指針」を策定／「知的障害者援護施設等入所者の地域生活への移行の促進について」一部改正（厚生） 7月 学習障害児等に関する調査研究協力者会議「学習障害児に対する指導について（報告）」を公表 8月 総理府障害者施策推進本部, 障害者に係る欠格条項の見直しに係る「対処方針」決定 9月 中央社会福祉審議会「社会福祉事業法等の改正について」を答申／身体障害者福祉審議会「身体障害者福祉法の一部改正について」を答	3月 ■PSVC'99「情報バリアフリーの新世紀をむかえるために」 4月 ■精神保健福祉法改正に係る要望書提出 5月 ■各政党へ年金制度に関する緊急要望書提出 6月 ■国会, 政党への成年後見制度に係る民法改正をめぐる要望活動（～7月）／■介護保険と障害者介護に係る要望活動や意見交換（～2000年3月） 7月 ■欠格条項の見直しに係る要望活動と意見交換（～2000年3月） 10月 ■中古パソコンリサイクル施行事業（第1次） 12月 ■新10年推進フォーラム'99「21世紀を切り拓く障害者施策」, マスコミ各社の代表者によるシンポジウム 共用品推進機構設立 全国地域生活支援ネットワーク設立 日本知的障がい者陸上競技連盟設立

社会保障・社会福祉等の動向（事件等含む）	国際的な動向
	風」日本で開催
	・中国「第1回障害者サンプリング調査」
3月　特定非営利活動促進法（NPO法）制定 6月　中央省庁等改革基本法制定／中央社会福祉審議会・社会福祉構造改革分科会「社会福祉基礎構造改革について（中間まとめ）」（社会福祉の理念＝国民が自らの生活を自らの責任で営むことが基本，自らの努力だけでは自立した生活を維持できない場合は社会連帯の考えに立った支援等）発表 12月　中央社会福祉審議会「社会福祉基礎構造改革を進めるに当たって（追加意見）」発表	3月　長野パラリンピック冬季競技大会 8月　国際リハビリテーション協会アジア太平洋地域会議・アジア太平洋障害者の十年キャンペーン'98香港会議 9月　アジア社会福祉セミナー開催（テーマ「社会経済開発と障害者の福祉」，開催地東京） 10月　国連「障害者の機会均等化に関する基準規則」専門家パネル会議（フランス） 11月　第1回日中障害者書画芸術展（東京）
4月　育児・介護休業法制定（介護休業制度の義務化）／介護休業給付金支給（雇用保険の被保険者対象）／「社会福祉基礎構造改革について（社会福祉事業法等の一部改正法案大綱骨子）」発表（社会福祉事業の追加—知的障害者・痴呆性高齢者等に福祉サービスの利用を支援する事業，障害児者生活支援相談事業，手話通訳事業等，措置制度→利用契約制度等） 7月　地方分権一括法制定／労働者派遣法改正（労働者派遣が認められる業務の原則自由化） 12月　新エンゼルプラン策定（12月　「重点的に推進すべき少子化対策の具体的実施計画」）／ゴールドプラン21策定／成年後見制度制定（2000年4月施行）	2月　国際障害者団体長同盟（IDPA）発足（6団体，南アフリカ・ケープタウン） 10月　アジア太平洋障害者の十年キャンペーン会議（マレーシア・クアラルンプール）

		障害者施策の動向等		JD（■）及び障害団体等の主な活動
		申／中央児童福祉審議会「児童福祉法及び知的障害者福祉法の一部改正について」を答申		
2000（平成12）年	4月	改正精神保健福祉法施行／労働省「職場適応援助者（ジョブコーチ）による就職後の人的支援パイロット事業」神奈川県と滋賀県で実施	3月	■中古パソコンリサイクル施行事業（第2次）／日英シンポジウム「障害のある人の社会参加」（ブリティッシュ・カウンシル共催）
	5月	社会福祉増進のための社会福祉事業法等の一部を改正する等の法律制定／高齢者，身体障害者等の公共交通機関を利用した移動の円滑化の促進に関する法律（交通バリアフリー法）の制定	4月	■扶養義務問題シンポジウム
			5月	■政策会議「新たな成年後見制度と権利擁護制度の課題」
			10月	■「第52回保健文化賞」受賞／■PSVC2000「情報バリアフリーの新世紀へ」
	6月	通商産業省「障害者・高齢者等情報処理機器アクセシビリティ指針」策定	11月	■設立20年記念事業「講演と映画の夕べ」
	11月	文部省「21世紀の特殊教育のあり方に関する調査研究協力者会議」中間報告発表	12月	「アジア太平洋障害者の十年」最終年記念フォーラム設立総会／リハ協等主催国際セミナー「欧米の障害者政策の展開」に企画協力／■新10年推進フォーラム2000「新世紀へのカウントダウン」
	12月	内閣に障害者施策推進本部設置（閣議決定）		
				日本言語聴覚士協会設立
				日本セルプセンター設立
2001（平成13）年	1月	文部科学省（文科省）「21世紀の特殊教育の在り方に関する調査研究協力者会議」最終報告書提出	3月	■「障害者に関するIT（情報技術）施策への緊急提言」を提出
	4月	「高機能自閉障害支援モデル事業」開始	6月	■「JDジャーナル」で緊急特集：障害者政策に関する7つの質問−7政党からの回答
	5月	ハンセン病元患者・熊本地裁で勝利（国は控訴断念）	8月	■与党・自民党プロジェクトに精神障害者政策に関する緊急要望書提出
	6月	ハンセン病補償法制定	10月	第1回全国障害者スポーツ大会開催（宮城，身体障害者と知的障害者の全国大会を統合）
	7月	障害者等に係る欠格事由の適正化等を図るための医師法等の一部改正する法律制定／「学生無年金障害者」全国一斉訴訟（原告31人，9地裁）	11月	日弁連第44回人権擁護大会で，障害のある人に対する差別を禁止する法律の制定を求める宣言を決議（奈良）
	8月	（旧）労働省「精神障害者の雇用の促進等に関する研究会」報告書提出，雇用率参入提言	12月	■新10年推進フォーラム2001／■PSVC2001「原点を見つめ，ITの世紀をともに」／■事務所移転（小茂根から戸山へ）
	9月	内閣府「障害者に関する世論調査」実施		
				日本音楽療法学会設立
2002（平成14）年	2月	「障害者権利条約議員連盟」超党派で発足	4月	「アジア太平洋障害者の十年」最終年記念キャンペーン「全米盲人会連合マウラー会長来日記念講演」
	4月	障害者の雇用の促進等に関する法律の一部を改正する法律制定，除外率廃止へ		
	5月	身体障害者補助犬法制定	5月	アジア太平洋障害者の十年記念フォーラム組織委員会「特別フォーラム in 東京／障害者権利条約とバリアフリー社会−どこまで来ている国連の動き，アジアから追い風を！」
	6月	国土交通省（以下国交省），自動車の身体障害者マーク（四つ葉マーク）制定		
	7月	国交省，高齢者，身体障害者等が円滑に利用できる特定建築物の建築の促進に関する法律（ハートビル法）の一部を改正する法律制定	7月	JD等障害者団体より国連・障害者権利条約第1回特別委員会へ傍聴団派遣
	9月	自閉症・発達障害支援センター運営事業開始	8月	アジア太平洋障害者の十年最終年記念フォー

社会保障・社会福祉等の動向（事件等含む）	国際的な動向
2月　医療保険法改正（「療養病床」と「一般病床」を区分等） 4月　介護保険法施行（4月　社会保険方式導入，措置→契約，応益負担導入等）／年金法改正（特別支給の老齢厚生年金の報酬比例部分の支給開始年齢を60歳から段階的に65歳に引き上げ・給付水準の5％適正化等） 9月　社会保障制度審議会「新しい世紀に向けた社会保障（意見）」（中央省庁再建に伴い解散することにあたって発表）	アフリカ連合・アフリカ障害者の十年 2月　国連専門家パネル会議（ニューヨーク）／第2回国際障害者団体長同盟会議（ニューヨーク），国際障害同盟（IDA）に名称変更 3月　世界障害者NGOサミット北京で開催，「新世紀における障害者の権利に関する北京宣言」採択 10月　シドニーパラリンピック ・イギリス「障害者の権利委員会」（障害者差別監視機関）設立
1月　中央省庁の再編（厚生省と労働省が統合し，厚生労働省＜以下，厚労省＞と改称） ・中央省庁再編に伴い社会保障制度審議会廃止（内閣府に設置された経済財政諮問会議と厚生労働省に新設された社会保障審議会に引き継がれる）	5月　WHO国際生活機能分類（ICF）総会で承認 8月　人種主義，人種差別，外国人排斥及び関連する不寛容に反対する世界会議で，メキシコ政府が権利条約の必要性を提唱（ダーバン） 9月　ニューヨーク・貿易センタービルのテロによる爆破事件 12月　国連総会第3委員会で，障害者権利条約を検討する特別委員会の設置をメキシコなどが提案し可決／アジア太平洋障害者の十年RNNキャンペーン会議（ベトナム・ハノイ）
9月　健康保険法改正（原則3割負担導入等）／「少子化対策プラスワン」制定（「次世代育成支援」という言葉が政府公文書として初めて使用）	「ESCAP・アジア太平洋障害者の十年」最終年 3月　ソルトレークパラリンピック冬季競技大会開催 5月　ESCAP「アジア太平洋障害者の十年」をさらに10年延長する決議採択 7月　障害者の権利及び尊厳を促進・保護するための包括的・総合的な国際条約に関する諸提案

	障害者施策の動向等	JD（■）及び障害団体等の主な活動
	11月 宮城県福祉事業団「船形コロニー」解体宣言（知事交代，2006年に撤回） 12月 新「障害者基本計画（2003～2012年度）」策定／障害者施策推進本部「重点施策実施5か年計画」策定	ラム組織委員会・リハ協共催，東京フォーラム「障害のある人の権利と法制度を考える」／日本精神神経学会，精神分裂病を「統合失調症」へ病名の変更を決定 全国精神障害者地域生活支援協議会設立
2 0 0 3 （平成 15） 年	3月 文科省特別支援教育の在り方に関する調査研究協力者会議「今後の特別支援教育の在り方について（最終報告）」 4月 障害者支援費制度実施（社会福祉基礎構造改革を踏まえ，障害者分野に契約による福祉サービス提供） 5月 総務省「高齢者・障害者によるICT活用の推進に関する研究会」報告／厚生労働省「障害者（児）の地域生活支援の在り方に関する検討委員会」設置 7月 心神喪失等の状態で重大な他害行為を行った者の医療及び観察等に関する法律制定／重度の身体障害者の郵便投票に向けて代筆による代理投票制度の創設 9月 障害者法定雇用率未達成企業の企業名を公表	1月 ■今後の特別支援教育のあり方について－第2回教育懇談会開催／■支援費制度等に係る緊急要望書を厚労大臣宛に提出／■ホームヘルプサービス上限枠設定問題に係る厚労省との交渉と報告集会 2月 ■PSVC2003inさいたま 4月 ■「JDジャーナル」を「すべての人の社会」へ改題 5月 ■「障害者差別禁止法につながる条項の新設を含む障害者基本法の改正に関する意見」を自民党・公明党に提出 6月 ■「心身喪失等の状態で重大な他害行為を行った者の医療及び観察等に関する法律案」の廃案を求める要望書を参議院厚生労働委員及び同法務委員に送付／■政策会議「『契約』の時代を検証する」 8月 ■障害者の権利条約促進セミナー「なぜいま，権利条約か？わが国として今何を　国連からの最新報告」 10月 ■衆議院選挙に向けて「障害者政策に関する政党への質問書」を各政党に送付／日本障害フォーラム（JDF）設置準備会開催
2 0 0 4 年	1月 文科省「小・中学校におけるLD，ADHD，高機能自閉症の児童生徒への教育支援体制の整備のためのガイドライン（試案）」策定 3月 文科省「学校施設バリアフリー化推進指針」策定	1月 ■正会員懇談会（支援費問題に関する基本的な考え方（案）への意見聴取）／■厚労省障害保健福祉部と「介護保険制度と障害保健福祉政策との関係」に関して懇談会 2月 ■障害者運動リーダー研修会（ハートピア・

社会保障・社会福祉等の動向（事件等含む）	国際的な動向
	について検討するためのアドホック委員会（以下，障害者権利条約に関する国連総会アドホック委員会）（ニューヨーク） 8月 第3回国際知的障害者スポーツ連盟サッカー世界選手権大会（東京）／世界車椅子バスケットボール選手権大会（北九州市） 10月 第6回DPI世界会議札幌大会／第12回RIアジア太平洋地域会議（大阪）／アジア太平洋障害者の十年RNNキャンペーン会議（大阪）／ESCAP「アジア太平洋障害者の十年」最終年ハイレベル政府間会合（滋賀）びわこミレニアム・フレームワーク策定
1月 ホームヘルパーの上限時間設定方針の明示（厚労省） 7月 「次世代育成支援対策推進法」制定（2015年3月31日までの時限立法→のちに10年延長） 9月 労働者派遣法改正（2004年3月から製造業務への派遣も解禁，さらなる規制緩和すすむ） 11月 熊本県「アイレディース宮殿黒川温泉ホテル」ハンセン病元患者の宿泊を拒否	6月 「障害者の人権及び尊厳を保護・促進するための包括的・総合的な国際条約に関するESCAP専門家会合／セミナー」（バンコク）／第2回障害者権利条約に関する国連総会アドホック委員会（ニューヨーク） 10月 「障害者の人権及び尊厳を保護・促進するための包括的・総合的な国際条約のためのESCAP地域ワークショップ」（バンコク） 11月 「障害者の人権及び尊厳を保護・促進するための包括的・総合的な国際条約に関するESCAP，CDPF（China Disabled Peoples' Federation）地域間会合」（北京）
1月 「障害者福祉施策と介護保険との統合構想」新聞報道 3月 熊本県「アイレディース宮殿黒川温泉ホテル」をハンセン病元患者の宿泊を拒否したことで営業停止処分／「学生無年金障害者訴訟」で無年金状態を放置したことは違憲との判決（東京地裁）	アラブ同盟・アラブ障害者の十年 1月 「障害者権利条約」アドホック特別委員会の作業部会開催 5月 第3回障害者権利条約に関する国連総会アドホック委員会

		障害者施策の動向等		JD (■) 及び障害団体等の主な活動
2004（平成16）年	6月	障害者基本法一部改正（差別禁止規定創設，障害者とその家族の自立への努力義務規定削除，地方自治体の障害者計画策定義務化，障害者週間）		（きつれ川）
			4月	小規模作業所の明日をひらく全国大集会／■JD 正会員懇談会（第2回）／■"介護保険"と"障害保健福祉施策"の関係を考える4.30公開対話集会
	10月	厚労省「今後の障害保健福祉施策について（改革のグランドデザイン案）」発表（3障害一元化等）	5月	■障害者の地域生活支援確立に関わる緊急要望書を各政党に提出
	12月	厚労省・社会保険庁「特定障害者に対する特別障害給付金の支給に関する法律」制定(学生無年金障害者の救済措置)／文科省「発達障害者支援法」制定／文科省中央教育審議会「特別支援教育を推進するための制度の在り方について」中間報告	6月	■政策会議「徹底討論～これからの障害保健福祉施策直言！介護保険～」／■「無年金障害者への年金支給を求める要望書」を衆参厚労委員などへ提出
			11月	■「改革のグランドデザイン案」への意見書を厚労大臣，自民党へ提出
			12月	■「改革のグランドデザイン（案）」に関する全体会議を開催し，『改革のグランドデザイン（案）』に対する緊急意見書，及び「応益負担の導入に関する見解」を厚労大臣に提出／JDF シンポジウム「すべての人の社会『住みたいまちに住み続けたい』―義務化された市町村障害者計画への期待―」／■精神障害者施策特別委員会「精神保健福祉法改正と新たな障害者福祉サービスに関する法の創設にむけて」発表／■PSVC2004inKANAGAWA／■障害者IT支援・サポートモデル調査研究報告書発表
				日本福祉用具評価センター設立 カラーユニバーサルデザイン機構設立 日本障害フォーラム（JDF）設立
2005（平成17）年	4月	内閣府「中央障害者施策推進協議会」設置／発達障害者支援法施行（「自閉症，アスペルガー症候群，学習障害（LD），注意欠陥多動性障害（ADHD）その他これに類する脳機能であって，その症状が通常低年齢において発現するもの」と定義）	5月	■「『障害者自立支援法』を考えるみんなのフォーラム～どうなる どうすべき わたしたちの明日を～」アピールを厚労大臣に提出／障害8団体でシンポジウム
	6月	障害者の雇用の促進等に関する法律の一部を改正する法律制定（精神障害者を雇用率算入対象に）	7月	「このままの"障害者自立支援法案"では自立はできません！7.5緊急大行動」11,000人参加（日比谷公園）
	10月	障害者自立支援法制定（利用契約制度・1割応益負担，障害程度区分の認定，月額単価から日割り単価等．施行は2006年4月）	8月	『障害者自立支援法』改善運動の中間まとめと新たな展開をめざす緊急フォーラム／■各政党に対して「障害者政策に関する公開質問状」送付
	12月	文科省中央教育審議会「特別支援教育を推進するための制度の在り方について」答申	9月	■「障害者自立支援法案の廃案に伴う総括と今後の課題」をテーマに正会員全体会
			10月	JDF 1周年記念セミナー JDF-これまでの活動と今後の展望／障害者自立支援法に関する国会行動
			11月	■障害者自立支援法の成立に伴う緊急要望

社会保障・社会福祉等の動向（事件等含む）	国際的な動向
6月22日 厚労省試算「障害者支援費170億円不足」と朝日新聞夕刊 　　　　1面トップ記事 10月 年金法改正（保険料水準固定方式・マクロ経済スライドの導入 　　　等）	（ニューヨーク） 8月 第4回障害者権利条約に関す 　　る国連総会アドホック委員会 　　（ニューヨーク） 9月 ナチスドイツ時代に身体障害 　　等を理由に強制不妊手術をさ 　　せられた被害者への補償開始 　　／アテネパラリンピック競技 　　大会 10月 国連ESCAP／APDF「障害 　　者権利条約に関する国連総会 　　アドホック委員会第3回及び 　　第4回会合に関するフォロー 　　アップ会合」（バンコク）／国 　　連ESCAP/「びわこミレニア 　　ム・フレームワークの実施に 　　関するフォローアップ会合」 　　（バンコク）
1月 水野国賠訴訟（精神科治療中の水野さんが交通事故の裁判のた 　　め東京拘置所に移されたが，精神薬を投与されず，3日後に自 　　殺，母親が自殺防止・救命措置が不十分と国を訴えた）東京地 　　裁判決原告勝訴 8月 小泉首相，郵政民営化を問う郵政解散 11月 水野国賠訴訟東京高裁判決，原告全面勝訴，国は上告せず判決 　　確定	1月 第5回障害者権利条約に関す 　　る国連総会アドホック委員会 　　（ニューヨーク） 8月 第6回障害者権利条約に関す 　　る国連総会アドホック委員会 　　（ニューヨーク）

	障害者施策の動向等	JD（■）及び障害団体等の主な活動
		書を厚労大臣に提出
		日本難病・疾病団体協議会設立—JPCと全難連が合併 全国知的障害者施設家族会連合会設立 日本発達障害ネットワーク設立 障害乳幼児の療育に応益負担を持ち込ませない会設立
2006（平成18）年	2月 厚労省・国交省，公営住宅への精神障害者・知的障害者の単身入居容認の通知 6月 知的障害者の自立支援策と再発防止を探るための研究班発足（秋から長崎でモデル事業開始） 10月 障害のある人もない人も共に暮らしやすい千葉県づくり条例（全国初）	1月 日弁連，差別禁止法要綱案を公表 3月 ■障害者自立支援法に関する記者会見（緊急対応「Q＆A」発行及び独自の障害者生活実態調査実施について，厚労省記者クラブ） 6月 ■6.30緊急フォーラム　検証・障害者自立支援法施行直後の実態，そして今なすべきことは 7月 学生無年金障害者訴訟の勝利をめざすみんなのつどい 8月 「障害者自立支援法の早急な見直しを求める緊急要望」を厚労大臣に提出（障害者関係8団体連名） 10月 出直してよ！『障害者自立支援法』10.31大フォーラム15,000人参加（日比谷公園）／イエローリボン・バッジ普及活動開始 12月 10.31大フォーラム実行委員会『緊急要望書』署名438,004筆を厚生労働省に提出／JDFセミナー　障害者の権利条約－新しい権利の時代に向かって 全国精神保健福祉会連合会設立
2007（平成19）年	4月 文科省「学校教育法等の一部を改正する法律」施行（盲・聾・養護学校は特別支援学校へ） 6月 警察庁「道路交通法の一部を改正する法律」制定（聴覚障害者に自動車普通免許） 9月 外務省「障害者権利条約」署名 11月 身体障害者補助犬法の一部を改正する法律制定（職場での補助犬の受け入れ義務化など） 12月 与党障害者自立支援に関するプロジェクトチームによる「障害者自立支援法の抜本的見直し（報告書）」発表／厚労省「障害者自立支援法の抜本的な見直しに向けた緊急措置」を発表／障害施策推進本部「重点施策実施5か年計画」の決定	2月 ■厚労省老健局第5回介護保険制度の被保険者・受給者範囲に関する有識者会議に「介護保険制度との統合策に関する意見書」提出 3月 10.31大フォーラム実行委員会「緊急要望書」署名154,512筆を厚労省に第二次提出／障害者自立支援法110番（主催「障害と人権ネット」に協力） 5月 「障害者政策に関する質問書」を各政党に送付 6月 ■シンポジウム「採択！障害者権利条約，さあ，国内法整備だ」 7月 ■「障害者の所得保障と就労支援に関する2007年提言」発表／「7.9政策フォーラム」DPI日本会議・全日本ろうあ連盟と共催〈自立支援法の現状と課題〉 8月 全国福祉保育労組，日本の障害者雇用政策がILO159号条約に違反しているとILO本部に提訴／■民主党，公明党，社民党，共産党へ

社会保障・社会福祉等の動向（事件等含む）	国際的な動向
1月 ホテル「東横イン」身体障害者用の駐車場や客室を不正撤去発覚	1月 第7回障害者権利条約に関する国連総会アドホック委員会（ニューヨーク）
4月 介護保険改正法施行（介護予防の重視，食費・居住費を保険給付対象外，低所得者への補足給付）／日本盲導犬協会が中国盲人協会と事業協定（盲導犬育成ノウハウを提供）	3月 2006年トリノ冬季パラリンピック競技大会
6月 健康保険法等一部改正（高齢者医療制度の創設―高齢者医療確保法制定等）	8月 第8回障害者権利条約に関する国連総会アドホック委員会（ニューヨーク）障害者権利条約（仮）採択
	10月 APDF第2回「総会」開催（バンコク）バンコク声明採択
	12月 障害者権利条約，第61回国連総会にて採択
7月 マイクロソフト社の社会貢献活動としてDO-IT JAPANプログラム（障害のある，あるいは病気を抱えた学生のための大学・社会体験プログラム）スタート／北九州市で生活保護受給を辞退させられた男性が餓死	5月 中国「第2回障害者サンプリング調査」結果発表（総人口の6.34％が障害者）
9月 安永健太さん事件発生（知的障害をもつ青年の死亡と警察官の対応の因果関係が問題に：佐賀）	9月 国連ESCAP「アジア太平洋障害者の十年の中間評価に関するハイレベル政府間会合」開催（バンコク）（「びわこプラスファイブ」の採択）
	10月 スペシャルオリンピックス夏季世界大会開催（上海）

	障害者施策の動向等		JD（■）及び障害団体等の主な活動
			障害者自立支援法についてヒアリング「障害者自立支援法の見直しに関する緊急要望書」提出
		10月	■「障害者自立支援法附則に基づく見直しへのJD意見書－障害者の範囲，所得保障及び就労のあり方を中心に－」を厚労大臣へ提出／私たち抜きに私たちのことを決めないで！　今こそ変えよう！『障害者自立支援法』10.30全国大フォーラム（日比谷公園）／JDF「障害者の権利に関する条約における日本政府署名に伴う政府仮訳に関する意見」を障害者権利条約推進議員連盟に提出
		12月	JDFセミナー障害者権利条約と国内法整備
			全国精神障害者家族会連合会，破産により解散
2008（平成20）年	6月　文科省　障害のある児童及び生徒のための教科用特定図書等の普及の促進等に関する法律制定	2月	■「与党障害者自立支援に関するプロジェクトチームによる『障害者自立支援法の抜本的見直し（報告書）』に対する意見書～障害者の人権を保障する障害者施策の確立に向けて～」を公表
	8月　発達障害教育情報センター開設	3月	日弁連「障害のある人の権利条約の批准と国内法整備に関する会長声明」／■「ILO違反の申し立てに関する学習会」（全国福祉保育労組共催）
	10月　障害者自立支援法違憲訴訟全国一斉提訴（原告30人8地裁）		
	12月　障害者の雇用の促進等に関する法律の一部を改正する法律制定（納付金制度対象事業所拡大，短時間労働を雇用率にカウントなど）	4月	■「生活保護の通院移送費利用制限に関する『通知』の撤回への緊急要望」を厚労省に提出
		5月	■フォーラム「障害者とICT2008」／■協議員総会で「障害者自立支援法の利用料免除等の申請を支援する特別決議」採択／■「後期高齢者医療制度の即刻な廃止を求める緊急声明」発表
		6月	「障害者権利条約の発効を祝う会」（JDF)／■「再度，生活保護通院移送費利用制限に関する『通知』の撤回を求める緊急要望」を厚労省に提出
		7月	■第35回社会保障審議会・障害者部会ヒアリングに参加「障害者自立支援法の『見直し』にあたっての意見」を提出
		8月	「障害者自立支援法訴訟」支援カンパ募集開始／■障害者施策推進課長会議へ「障害者基本法ならびに関連政策等の改正に関する意見」表明
		10月	「障害者自立支援法訴訟の勝利をめざす会」発足／「もうやめようよ！　障害者自立支援法10.31全国大フォーラム－1からつくろう

社会保障・社会福祉等の動向（事件等含む）	国際的な動向
4月　老人保健法改正（高齢者医療確保法見直し→後期高齢者医療保険制度へ等） 10月　「低料第3種郵便物」への割引制度を悪用しダイレクトメールを発送していた事案が発覚 12月　社会保障国民会議「持続可能な社会保障構築とその安定財源確保に向けた中期プログラム」閣議決定	2月　APDF総会（ダッカ） 4月　韓国「障害者差別禁止及び権利救済などに関する法律施行令」制定（国家人権委員会による差別是正勧告に従わない場合は過料） 5月　障害者権利条約発効 7月　中国・改正「障害者保障法」施行（差別禁止，教育重視，雇用促進を規定） 9月　リーマン・ショックによる世界同時不況／北京パラリンピック競技大会

	障害者施策の動向等		JD（■）及び障害団体等の主な活動	
				地域で暮らせる新たな法制を－」
			11月	■各政党に「障害者政策に関する質問書」送付，回答公表／■『『産科医療補償制度』の再検討を求める意見書」を厚労大臣に提出／■「障害者権利条約とICT政策会議」
			12月	JDF　障害者差別禁止法（仮称）の制定について」を障害者施策推進本部長に提出
2009（平成21）年	2月	与党障害者自立支援に関するプロジェクトチーム「障害者自立支援法見直しの基本方針」発表	2月	■与党プロジェクトチーム基本方針に対し「障害者自立支援法施行後3年の見直しに関する意見書」を各政党に提出
	3月	北海道障がい者及び障がい児の権利擁護並びに障がい者及び障がい児が暮らしやすい地域づくりの推進に関する条例成立	3月	障害者権利条約批准を閣議決定の前日，JDFの働きかけで取り下げられる
	4月	障害者の雇用の促進等に関する法律施行令の一部を改正する政令制定（除外率一律10％引下げ）／ハンセン病問題基本法施行／障害者自立支援法違憲第二次訴訟全国一斉提訴（原告28人10地裁）	4月	ILOが全国福祉保育労組のILO提訴に対するILO報告送付（ILO99号・168号勧告の精神に「そぐわない」との指摘，2010年次報告までに日本政府に是正を要請）／日弁連・院内集会「差別禁止法の制定と国内モニタリングの確立を！」
	10月	大阪府障害者の雇用の促進等と就労の支援に関する条例（大阪府ハートフル条例）制定（契約や補助金交付など府と関係のある法定雇用率未達成事業主に対して，法定雇用率の達成に向けた取り組みを求める）	5月	障害者自立支援法「改正案」をめぐる5.14緊急フォーラム 10.31全国大フォーラム実行委員会－1からつくろう地域で暮らせる新たな法制を－／■政策会議 国際人権と権利条約
	11月	厚労省「障害者自立支援法施行前後における利用者の負担に係る実態調査結果」公表	7月	■臓器移植法改正に関する学習会
			8月	■衆院選に際し行なった，各政党に対する「障害者政策に関する質問」と結果公表
	12月	内閣府「障がい者制度改革推進本部」設置（障害者施策推進本部は廃止）／内閣府「障がい者制度改革推進会議」設置　障がい者制度改革推進本部長決定	9月	■総選挙の結果を受けて「障害者自立支援法等に関する緊急要望書」を民主党に提出／■「障害者自立支援法の廃止とこれに伴う新法制定に関する要望書」を鳩山首相に提出
			10月	「さよなら！障害者自立支援法 つくろう！私たちの新法を！ 10.30全国大フォーラム」
			12月	■ILO提訴への回答と障害者の就労支援を考えるフォーラム（全国福祉保育労組と共催）
2010（平成22）年	1月	障害者自立支援法違憲訴訟和解へ（国と訴訟団は基本合意文書締結）／第1回障がい者制度改革推進会議開催（2010年末までに29回開催）	2月	■安永健太さんの死亡事件を考える集い
			4月	JDF「障がい者制度改革推進会議ならびに障害者自立支援法に関する緊急要望」を本部長に提出
	4月	障がい者制度改革推進会議に総合福祉部会設置（2011年8月までに18回開催）／国民年金法の一部改正（障害年金受給後の配偶者・子の扶養加算を認める）／障害者自立支援法訴訟・東京地裁にて全訴訟終結，第1回定期協議	5月	障害者自立支援法訴訟の基本合意の完全実現をめざす会・障害者自立支援法違憲訴訟弁護団「与党による『障害者自立支援法一部改正案』提案に断固反対！」という緊急抗議声明発表／JDF「地域主権改革と障害者施策に関する要望書」内閣総理大臣等に提出／■協議員総会で「障害者自立支援法一部『改正』案の廃案を求める緊急抗議声明」採択／日弁連「障がい者制度改革推進会議の現状と課題
	6月	「障害者制度改革の推進のための基本的な方向について」閣議決定（障害者権利条約締結に必要な国内法整備をはじめとする集中的な		

社会保障・社会福祉等の動向（事件等含む）	国際的な動向
5月　介護保険改正法施行（業務管理体制の整備，休止・廃止の事前 　　届出制，休止・廃止時のサービス確保の義務化） 8月　第45回衆議院総選挙で民主党が過半数を超えて第1党に 　　　鳩山内閣（～2010年6月） 　　　菅内閣（～2011年9月） 　　　野田内閣（～2012年12月） 11月　阿久根市竹原信一市長自身のブログで障害者への差別的記述 　　が問題化	
7月　障害程度区分処取り消し訴訟で，全国初の点字による訴状が 　　受理 10月　政府・与党社会保障改革検討本部設置 12月　社会保障改革の推進について閣議決定（社会保障改革と税制改 　　革の一体的改革の検討，2011年半ばまでに成案まとめること）	10月　成年後見法世界会議開催（横 　　　浜）「横浜宣言」採択

		障害者施策の動向等	JD（■）及び障害団体等の主な活動
2010（平成22）年		改革推進を図る）／国連障害者権利条約推進議員連盟総会	−障害者権利条約の国内法整備に向けて−」
	7月	改正障害者雇用促進法施行（短時間労働者の，障害者雇用率制度対象への追加，雇用率算定雇用納付金は従業員200人以上の事業主も対象等）	6月 6.8緊急国会要請行動＋国会連絡大集会 7月 障害がある人の人権と地域生活を考えるフォーラム−佐賀・安永健太さんの死亡事件の真相究明を通して−
	9月	「障害を理由とする差別の禁止に関する法制」についての差別禁止部会の意見	9月 ■JD結成30周年企画　公開市民シンポジウム「すべての人の社会へ　国際障害者年から障害者権利条約実現への歴史・情勢・人間に学ぶ」
	11月	障がい者制度改革推進会議に差別禁止部会設置	10月 今こそ進めよう！　障害者制度改革　自立支援法廃止と新法づくりを確かなものに10.29全国大フォーラム／■民主党障がい者政策プロジェクトチームのヒアリングに参加「総合福祉法（仮称）制定までの間の，障害者自立支援法の見直しの在り方についての意見書」提出
	12月	障害者自立支援法（障がい者制度改革推進本部における検討を踏まえて障害保健福祉施策を見直すまでの間において障害者等の地域生活を支援するための関係法律の整備に関する法律）改正／新「障害者基本計画」に関する障害者政策委員会の意見／障害者自立支援法違憲訴訟団と国との定期協議（第2回）／障害者制度改革の推進のための第二次意見，担当大臣に手交	12月 ■JDフォーラム障がい者制度改革推進会議「第二次意見」−当事者主体の，新しい年を開く，拓く／障害者自立支援法違憲訴訟団障害者自立支援法『改正』法可決に対する声明（抗議声明）発表 日本高次脳機能障害友の会（日本脳外傷友の会）設立 筋痛性脳脊髄炎の会設立 発達保障研究センター設立
2011年（平成23）年	3月	障害者自立支援法の障害者総合支援法への改称を閣議決定	3月 JDF「東日本大震災被災障害者総合支援本部」を設置／東日本大震災「JDFみやぎ支援センター」での支援活動（直後に福島・岩手でも）
	6月	障害者虐待の防止，障害者の養護者に対する支援等に関する法律（障害者虐待防止法）制定（2012年10月施行）	4月 「基本合意と総合福祉法を実現させる4.21全国フォーラム」障害者自立支援法訴訟の基本合意の完全実現をめざす会主催
	7月	改正「障害者基本法」制定（一部を除き施行）	5月 ■ILO提訴への回答と障害者の就労支援について考えるフォーラムpart3／■JD30周年記念講演とシンポジウム，交流の夕べ（弘済会館）
	8月	障害者総合福祉の骨格に関する総合福祉部会の提言−新法の制度を目指して−（骨格提言）まとまる（6つのポイント—①市民との平等と公平，②谷間や空間の解消，③格差是正，④放置できない社会問題の解決，⑤本人のニーズにあった支援サービス，⑥安定した予算確保）	7月 JDF被災障害者支援集会 9月 ■特定非営利活動法人日本障害者協議会設立総会／■学習会　障害者制度改革の最新動向 10月 創ろう！みんなの総合福祉法を！10.28JDF大フォーラム（日比谷公園）
	12月	障害者自立支援法違憲訴訟団と国との定期協議（第3回）	12月 『障害者自立支援法違憲訴訟−立ち上がった当事者たち』出版記念シンポジウム／JDF全国フォーラム「障害者権利条約と制度改革の最新動向〜内外の関連潮流と私たちに問われるもの〜」

社会保障・社会福祉等の動向（事件等含む）	国際的な動向
2月　社会保障改革に関する集中検討会議（～7月） 3月11日　東日本大震災（M9.0）・福島第一原発事故（12日　爆発） 6月　政府・与党社会保障改革検討本部—集中検討会議「社会保障・税一体改革成案」決定 10月　「厚生労働省社会保障改革推進本部」設置 12月　「厚生労働省社会保障改革推進本部の検討状況について（中間報告）」発表／厚生労働省「社会保障改革で目指す将来像—未来への投資（子ども・子育て支援）の強化と貧困・格差対策の強化」	9月　第4回障害者権利条約締約国会議（ニューヨーク）

		障害者施策の動向等		JD（■）及び障害団体等の主な活動
				日本整形外科学会設立
2012（平成24）年	3月	障害者自立支援法改正案閣議決定（野田政権，公約の「廃止」見送り，「障害者総合支援法」に名称変更，対象に難病患者追加）／医療提供体制の確保に関する基本指針の一部改正（精神疾患が国民五大疾病入り）	1月	■JDニューイヤー交流会（以後，毎年実施）
	4月	改正精神保健福祉士法施行／改正「児童福祉法」施行（障害児通所支援などの再編）／文科省　児童福祉法等の改正による教育と福祉の連携の一層の推進について事務連絡	2月	■障害者総合支援法案（2月29日民主党政策調査会厚生労働部門会議案）への見解公表／基本合意の完全実現をめざす会代表者会議・基本合意を完全実現させる2.13緊急フォーラム
	5月	障害者政策委員会，内閣府に設置	3月	障害者自立支援法訴訟原告全員集会／JDF東日本大震災被災障害者総合支援本部第二次報告会
	6月	障害者の日常生活及び社会生活を総合的に支援するための法律（障害者総合支援法）制定／国等による障害者就労施設等からの物品等の調達の推進等に関する法律制定（2013年4月施行）／障害者の雇用率引上げの政令制定（2013年4月施行）	4月2日	■特定非営利活動法人日本障害者協議会となる
	7月	「障害者に関する世論調査」実施（内閣府　障害を理由とする差別や偏見が少しはある，を含めてあると思う89.2%）／障害者政策委員会第1回開催／中教審特別支援教育特別委員会　共生社会の形成に向けたインクルーシブ教育システム構築のための特別支援教育の推進（報告）	4月	JDF差別禁止法制小委員会主催学習会「憲法から考える障害者差別禁止法」／緊急国会要請行動　自立支援法違憲訴訟団・めざす会
	9月	「障害を理由とする差別の禁止に関する法制」についての差別禁止部会の意見を障害者政策委員会差別禁止部会がとりまとめ	5月	「国は基本合意・骨格提言を無視するな！」全国一斉集会／JDF差別禁止法制小委員会主催学習会「障害者差別禁止法はなぜ必要か―労働問題から―」
	12月	障害者政策委員会「新『障害者基本計画』に関する意見」をとりまとめ／文科省「通常の学級に在籍する発達障害の可能性のある特別な教育的支援を必要とする児童生徒に関する調査結果について」（公立小中学校の通常学級に発達障害の可能性のある子どもは6.5%，35人学級なら2人程度，しかしその4割は特別な支援を受けていないことが判明）	6月	緊急国会要請行動　自立支援法違憲訴訟団・めざす会／■生活保護を巡る論議の動向に関する見解を公表し厚労大臣に提出／■障害者総合支援法の可決・成立への抗議声明／■政策会議・シンポジウム「障害者制度改革の到達点と今後の課題」
			9月	■障害者の就労支援について考えるフォーラムⅣ／■障害者労働・雇用国際フォーラム2012〜社会支援雇用制度の創設に向けて〜
			10月	■障害のある人の生活の場についての意見交換会
			12月	JDF全国フォーラム『障害者権利条約と制度改革〜差別禁止法をはじめとする国内法制と批准への展望〜』／■衆院選に際し，各政党へ障害者政策に関する質問と結果公表
				日本車椅子シーティング協会設立
2013（平成25）年	3月	障害者自立支援法違憲訴訟団と国との定期協議（第4回）	1月	基本合意締結3年，これからのたたかい！1.7集会
	6月	精神保健及び精神障害者福祉に関する法律の一部を改正する法律（保護者制度の廃止など）制定（2014年4月施行）／障害を理由とする差別の解消の推進に関する法律（障害者差別解消法）制定（2016年4月施行）	3月	■成年被後見人の選挙権剥奪の違憲判決に対する控訴の断念を求める要望書を公表し，首相・法務大臣・総務大臣に提出
	9月	就学システムを変更する学校教育法施行令施	5月	■国際セミナー2013・フランスにおける障害就労の政策潮流とヨーロッパの近未来〜／■政策会議　6ワーキンググループの提言「

社会保障・社会福祉等の動向（事件等含む）	国際的な動向
1月 政府・与党社会保障改革検討本部―集中検討会議「社会保障・税一体改革素案」閣議報告 2月 「社会保障・税一体改革大綱」閣議決定（5月～国会審議） 4月 介護保険改正法施行（制度10年経過，利用者急増→介護人材不足→「地域包括ケアシステム」の実現めざす） 8月 社会保障制度改革推進法制定（民主・自民・公明3党合意の議員立法，社会保障制度改革国民会議設置等　関連8法案成立）／税制抜本改革法（消費税率引き上げ　2014年4月～8％，2015年10月～10％段階的引き上げ）・子ども子育て支援関連3法・年金関連法（基礎年金国庫負担割合2分の1恒久化―消費税増税を財源）制定／年金生活者支援給付金法制定／公的年金制度の財政基盤及び最低保障機能の強化等のための国民年金法等の一部を改正する法律制定（受給資格期間の短縮等）／自殺総合対策大綱の見直し 12月 自民・公明による連立政権復活	5月 「第3次アジア太平洋障害者の十年（2013～2022）」採択 8月 ロンドンパラリンピック競技大会（～9月） 9月 第5回障害者権利条約締約国会議（ニューヨーク） 11月 第2次アジア太平洋障害者の十年最終レビュー・ハイレベル政府間会合（インチョン）／インチョン戦略の採択
5月 成年被後見人に選挙権を付与する改正公職選挙法制定　7月の参議院選挙で適用 6月 「日本復興戦略（成長戦略）」閣議決定 8月 社会保障制度改革国民会議が報告書とりまとめ（少子化・医療・介護・年金等の各分野の改革の方向性提言）／「社会保障制度改革推進法第4条の規定に基づく法制上の措置の骨子について」閣議決定／生活保護基準切り下げ始まる 12月 社会保障制度改革プログラム法制定（社会保障制度改革の全体	7月 第6回障害者権利条約締約国会議（ニューヨーク） 9月 障害と開発に関するハイレベル会合（ニューヨーク）

	障害者施策の動向等	JD（■）及び障害団体等の主な活動
2013（平成25）年	行／障害者基本計画（第3次）閣議決定／浅田訴訟（障害者総合支援法第7条・介護保険優先原則問題で岡山市在住の浅田達雄さんが岡山市を提訴） 11月 障害者自立支援法違憲訴訟団と国との定期協議（第5回） 12月 日本で障害者権利条約批准の国会承認／アルコール健康障害対策基本法制定（2014年6月施行）	害者差別禁止法制」はどこへ向かうのか 7月 ■参院選に際し行なった，各政党へ「障害者政策に関する質問」と結果公表 9月 ■院内集会　このままで障害者権利条約は批准できるのか〜基本合意，骨格提言にもとづく総合福祉法の実現を〜 10月 ■厚労省と入所施設制度改革について懇談会／■生活保護制度の見直しに対する緊急要望書を公表し，首相，厚労大臣，各政党等へ提出 12月 JDF全国フォーラム『障害者権利条約の批准と完全実施〜国内法制の課題と取り組み〜』／■障害者権利条約の批准にあたっての声明／■精神障害を取り巻く問題に関する学習会「精神障害者政策の動向と今後の課題」
2014（平成26）年	1月20日　日本が「障害者権利条約」を批准，2月19日発効 3月 良質かつ適切な精神障害者に対する医療の提供を確保するための指針（告示） 4月 障害者総合支援法—重度訪問介護の対象拡大，ケアホームのグループホームへの一元化等実施／2012年7月の中教審特別支援教育特別委員会を受けた変更で，就学児に適用 7月 厚労省・障害児支援の在り方に関する検討会「今後の障害児支援の在り方について」報告書 9月 障害者自立支援法違憲訴訟団と国との定期協議（第6回）	1月 ■連続講座「あらためて障害者の権利と保護を考える」（1・2・3月に実施）以後，毎年実施 2月 ■厚労省と介護保険優先原則に関する懇談会／■難病政策の法制化に関する声明を公表し，厚労大臣及び各政党に提出 3月 ■「病床転換型居住施設」に反対する声明／JDF，障害者権利条約批准記念特別フォーラム 4月 ■障害のある人の労働・雇用国際セミナー（英米豪日） 5月 ■政策会議　基調講演「権利条約の意義と課題−権利委員会実況報告から−」問題提起，①病棟転換型居住施設，②難病医療法制化，③罪を犯した障害者 6月 6・26緊急集会　生活をするのは普通の場所がいい　STOP！精神科病棟転換型居住系施設！（日比谷公園） 8月 ■サマースクール2014「"罪を犯した"障害のある人の実情とその背景を知る！学ぶ！」（以後，サマースクール／サマーセミナー毎年開催） 9月 ■「就労継続支援B型事業所などへのアンケート・ヒアリング調査報告書−社会支援雇用制度の構築に向けて」とりまとめ 11月 ■障害者差別解消法の基本方針案への意見を公表し，内閣府特命担当大臣宛に提出 12月 ■衆院選に際し行なった，各政党へ「障害者政策に関する質問」と結果公表／■「障害者の働く権利を確立するための社会支援雇用制度創設に向けての提言（案）（社会支援雇用

社会保障・社会福祉等の動向（事件等含む）		国際的な動向	
	像・進め方を明らかにする）／「持続可能な社会保障制度の確立を図るための改革の推進に関する法律」制定（受給と負担の均衡がとれた持続可能な社会保障制度の確立を図るため，医療・介護・年金等の制度改革について，①改革の検討項目，②改革の実施時期と関連法案の国会提出時期を明らかにする）／「生活困窮者自立支援法」制定（2015年4月から全面施行）／社会保障審議会　介護保険制度の見直しに関する意見（地域包括ケアシステム構築に向けた地域支援事業見直し，「新しい総合事業」〔要支援者の保険除外〕）		
3月	社会保障に係る費用の将来推計の改定について（改革シナリオ）／社会福祉法人のガバナンスと社会貢献活動の義務化に対する考え方	2月	「第3次アジア太平洋障害者の十年」第1回ワーキンググループ（インチョン）
4月	消費税増税（5％→8％）／厚労省「社会保障制度改革の全体像」／遺族基礎年金の父子家庭への拡大（現行の支給対象〔子のある妻または子〕の改善）	3月	ソチパラリンピック競技大会
6月	医療介護総合確保推進法制定（介護保険法・医療法など19本の法律を一括して改正，難病に係る新たな公平かつ安定的な医療費助成の制度の確立．介護保険については特別養護老人ホームは要介護区分3以上，一定の所得のある利用者に利用料2割負担導入〔2015年8月施行〕など，「地域包括ケアシステム」の構築等）	4月	障害者権利条約一般的意見第1号（第12条法律の前にひとしく認められる権利）／障害者権利条約一般的意見第2号（第9条アクセシビリティ）
7月	生活保護法の一部を改正する法律施行（第183回国会・衆議院厚生労働委員会の修正，保護申請に係る取り扱いは現行通りと明確化／厚労省・社会福祉法人の在り方等に関する検討会「社会福祉法人制度の在り方について」報告書（社会福祉施設職員等退職手当共済，障害者福祉分野の助成廃止等）	6月	第7回障害者権利条約締約国会議（ニューヨーク，日本政府初の正式参加．藤井克徳と石川准が日本政府代表団顧問）

	障害者施策の動向等		JD（■）及び障害団体等の主な活動
			研究会）
			■講師派遣事業開始
2015（平成27）年	2月	障害を理由とする差別の解消の推進に関する基本方針閣議決定	1月 ■連続講座「国連・障害者権利条約にふさわしい施策実施を求めて」（1・2・3月に実施）／JDF，郵便制度に関する合同説明会
	3月	「障害者の意思決定支援・成年後見制度の利用促進の在り方について」	3月 ■パラレルレポートに関する説明懇談会／■認定特定非営利活動法人の認定を受ける
	4月	精神病床転換型の指定共同生活援助（地域移行支援型ホーム）事業の経過的特例施行（2019年3月特例廃止）／子ども・子育て支援新制度開始	5月 ■障害年金の運用等に関する緊急要望書を公表し，厚労大臣へ提出／■政策会議「国連へ パラレポを！権利条約下の私たちの実態を！」（難病，制度の谷間，子どもと教育，65歳問題，労働）
	6月	障害者自立支援法違憲訴訟団と国との定期協議（第7回）	8月 ■サマースクール2015「戦後70年と障害者─わたしたちには聴こえます！戦争の足音が…障害者のしあわせと平和を守ることを一つにして
	9月	公認心理士法制定（2017年9月全面施行）	9月 ■いのちと尊厳を守る立場から，「安保法制成立への抗議声明─障害分野から」を公表
	11月	天海訴訟（障害者総合支援法第7条・介護保険優先原則問題で千葉市在住の天海正克さんが千葉市を提訴）	10月 10.28生活保護アクション in 日比谷 憲法25条大集会
	12月	社会保障審議会・障害者部会「障害者総合支援法施行3年後の見直しについて」報告書	11月 ■障害者の就労支援について考えるフォーラムⅤ（全国福祉保育労組共催）／■障害者権利条約の政府報告に関する学習会／基本合意・骨格提言の実現をめざす原告集会
			12月 ■所得保障制度としての障害年金を考える学習会／■「障害者総合支援法施行3年後の見直しにあたっての介護保険優先原則に関する要望」を厚労大臣，社会保障審議会障害者部会委員へ提出／JDF全国フォーラム「権利条約批准から2年〜差別解消法施行によってどう変わる，私たちの暮らし」
2016（平成28）年	1月	日本年金機構「障害年金センター」設置（都道府県ごとに行っていた審査を一元化）	1月 ■連続講座「社会保障・障害者施策の転換期！その政策動向と影響を学ぶ！」（1・2・3月に実施）
	3月	自殺対策基本法の一部を改正する法律制定（4月施行）	2月 ■「障害者虐待防止法改正を求める要望」を公表し，厚労大臣へ提出／■「障害者権利条約第1回日本政府報告（日本語仮訳）」に対するパブリックコメントを送信
	4月	障害者差別解消法施行／成年後見制度の利用の促進に関する法律制定（5月施行）／障害者の雇用の促進等に関する法律改正（差別禁止・合理的配慮の位置づけ，2021年3月から雇用率引き上げ─民間企業2.2%→2.3%，国・地方公共団体2.5%→2.6%，精神障害者の算定適用）	3月 ■障害者虐待防止法を求め，厚労省と話し合い
			4月 熊本地震に対応し，JDFが新たに「JDF災害総合支援本部」を設置／■講演会「ILO（国際労働機関）の国際基準と条約勧告適用専門委員会の役割」／「ふつうに生きたい くらしたい！障害者権利条約・基本合意・骨格提言の実現めざす 4.21全国大集会」（日比谷公園）
	5月	障害者総合支援法及び児童福祉法の一部を改正する法律制定（2018年4月施行）	
	6月	発達障害者支援法の一部を改正する法律制定（①障害者基本法の基本的理念に則ることを	

社会保障・社会福祉等の動向（事件等含む）	国際的な動向
1月　「認知症施策推進総合戦略（新オレンジプラン）」策定	3月　「第3次アジア太平洋障害者の
2月　厚生労働省・社会保障審議会福祉部会「社会福祉法人制度改革について」報告書	十年」第2回ワーキンググループ（ニューデリー）／第3回
4月　「社会福祉法等の一部を改正する法律案」国会提出（7月衆議院通過　附帯決議10項目）／介護保険・特別養護老人ホームへの新規入所者を要介護3以上の高齢者に限定	国連防災世界会議（仙台）6月　第8回障害者権利条約締約国会議（ニューヨーク）
6月　「経済財政運営と改革の基本方針（骨太方針2015）」閣議決定／新たな福祉サービスのシステム等の在り方検討プロジェクトチーム設置	9月　国連サミット「持続可能な開発目標 Sustainable Development Goals」（SDGs）採択
9月　「新たな時代に対応した福祉の提供ビジョン」（新たな福祉サービスのシステム等の在り方検討プロジェクト報告）	
10月　マイナンバー（個人番号）の通知	
11月　「一億総活躍実現社会の実現に向けた緊急対策」策定（一億総活躍国民会議）	
12月　経済財政諮問会議「経済・財政再生アクション・プログラム」	
3月　社会福祉法等の一部を改正する法律制定	3月　「第3次アジア太平洋障害者の
4月14日　熊本地震（M6.5）	十年」第3回ワーキンググループ（バンコク）／第9回国際
6月　「経済財政運営と改革の基本方針（骨太方針2016）」閣議決定／「ニッポン一億総活躍プラン」閣議決定	アビリンピック・フランス大会（ボルドー）
7月　厚労省「我が事・丸ごと」地域共生社会実現本部設置／安永健太さん死亡事件裁判，最高裁上告棄却／相模原市の津久井やまゆり園で元職員による障害者ら殺傷事件発生	6月　第9回障害者権利条約締約国会議（ニューヨーク）8月　障害者権利条約一般的意見第
10月　厚労省「地域力強化検討会」設置／短時間労働者に対する厚生年金・健康保険の適用拡大（現行週30時間以上→①週20時間以上，②月額賃金8.8万円以上，③学生は適用除外，④従業員501人以上の企業（約25万人適用）	3号（第6条障害のある女子）／障害者権利条約一般的意見第4号（第24条インクルーシブ教育を受ける権利）
11月　「社会福祉事業団等の設立及び運営の基準について」の一部改正	9月　リオデジャネイロパラリンピック競技大会
12月　厚労省・地域力強化検討会「中間とりまとめ」／「我が事・丸ごと」についての第一次意見を公表／社会保障審議会介護保険	

	障害者施策の動向等		JD（■）及び障害団体等の主な活動
2016（平成28）年		規定，②基本的人権を享受する個人としての尊厳を規定等）	5月 ■政策会議「障害者権利条約を学び，活動発信の機会に！－パラレルレポートに向けて－」／社会保障・社会福祉は国の責任で！憲法25条を守る5.12共同集会
	6月30日	障害者権利条約に関する第1回日本政府（締約国）第1次報告書を国連に提出	
	10月	ハンセン病元患者家族・熊本地裁提訴（第1回口頭弁論）	8月 ■相模原の障害者施設での殺傷事件についての意見を公表
	11月	相模原事件・神奈川県の第3者委員会報告書提出	9月 ■相模原事件を考える緊急ディスカッション
	12月	障害者自立支援法違憲訴訟団と国との定期協議（第8回）／厚労省「相模原市の障害者支援施設における事件の検証及び再発防止策検討チーム」報告書公表	10月 ■成年後見制度利用促進委員会利用促進ワーキング・グループ及び不正防止対策WGによるヒアリングに参加
			11月 ■集会「日本国憲法公布70年　あなたにとって憲法とは？ともに学ぼう！語り合おう！」公演『憲法くんが語る平和憲法』、みんなで語ろう！憲法テラス
			12月 JDF全国フォーラム「権利条約の目指す社会に向けて市民社会の役割～条約の実施とパラレルレポート～」
2017（平成29）年	3月	内閣府「成年後見制度利用促進基本計画の策定について」通知（①意思決定支援，②チームで援助，③不正防止）／「成年後見制度利用促進基本計画」閣議決定	1月 ■連続講座「社会保障改革の行方と障害者施策－介護保険見直しの影響と課題－」（1・2・3月に実施）
	4月	文科省「就労系障害福祉サービスにおける教育と福祉の連携の一層の推移について」事務連絡	3月 ■精神保健福祉法改正案についての意見を公表し，厚労省及び衆参厚労委員へ提出
	7月	自殺総合対策大綱の見直し	4月 ■「地域包括ケアシステム強化のための介護保険法等の一部を改正する法律案」についての意見を公表し，衆参厚労委員及び政党に提出／■「緊急アピール－精神保健福祉法改正案について－」を衆参厚労委員へ提出
	8月	障害者に関する世論調査実施（内閣府）5年毎に実施－障害者への差別・偏見があると思う83.9%，障害者権利条約を内容ともに知っている3.4%，できたことは知っている17.9%	5月 ■政策会議「障害者権利条約－パラレルレポート草案&学習会－」／社会保障・社会福祉は国の責任で！憲法25条を守る5.18共同集会
	9月	精神保健及び精神障害者福祉に関する法律の一部を改正する法律案廃案	6月 築こう！いのちのとりで第2回総会・記念集会
			7月 ■集会・日本国憲法施行70年と障害者「障害者に生きる価値はないのか！－真に共に生きる地域社会の実現をめざして－」／■声明　相模原事件から1年　共に生きる地域社会の実現をめざして」を公表
			8月 ■障害者権利条約のパラレルレポートJD草案と主な国々のパラレポ・総括所見《JD仮訳》ウェブ公開
			10月 JDF，ガレゴス大使との意見交換会
			12月 ■食費負担軽減継続の要望についての意見を公表／■日本における筋痛性脳脊髄炎／慢性疲労症候群治療ガイドライン（案）への意見を日本医療研究開発機構（AMED）へ提

社会保障・社会福祉等の動向（事件等含む）		国際的な動向	
	部会「介護保険制度の見直しに関する意見」（「地域包括ケアシステムの推進」と「介護保険制度の持続可能性の確保」強調）		
2月	社会保障審議会・介護保険部会「基本指針について」（第6期市町村介護事業計画は「地域包括ケア計画」と位置付け，2025年までに地域包括ケアシステムを構築するとした，これを第7期でさらに確固とした目標に位置付けた）	1月	石川准が，国連・障害者権利委員会委員に日本人初の就任
4月	改正社会福祉法施行（社会福祉法人改革の本格化―経営組織のガバナンス強化，事業運営の透明性向上，介護人材確保，社会福祉施設職員等退職手当共済制度の見直し等）	3月	「第3次アジア太平洋障害者の十年」第4回ワーキンググループ（バンコク）
5月	「地域包括ケアシステムの強化のための介護保険法等の一部を改正する法律」制定（高齢者の自立支援・重度化防止，地域共生社会の実現を図る）	6月	第10回障害者権利条約締約国会議（ニューヨーク）
7月	就労継続支援A型事業所での障害者大量解雇が各地で出始める	8月	障害者権利条約一般的意見第5号（第19条自立した生活及び地域社会への包容）
9月	厚労省・地域力強化検討会「最終とりまとめ」	11月	第3次アジア太平洋障害者の十年中間レビュー・ハイレベル政府間会合（北京）（～12月）
12月	「地域共生社会の実現に向けた地域福祉の推進について」通知／統合失調症の女性が両親に15年間監禁状態におかれた後，凍死	12月	北京宣言およびインチョン戦略の実施を加速するための行動計画

		障害者施策の動向等	JD（■）及び障害団体等の主な活動
			出／■食費負担軽減継続要望で厚労大臣と面談 1,349の団体署名提出⇒食事提供体制加算継続へ／JDF全国フォーラム「障害者権利条約の実施に向けて 条約批准から4年−私たちはこう取り組む」
2018（平成30）年	1月	旧優生保護法により強制不妊手術を受けた女性が初めて国を提訴	1月 ■連続講座「憲法25条・生存権に基づく障害者施策のあり方を問い直す！」（1・2・3月に実施）／■障害者総合支援法 基準改正省令（案）への意見を厚労省へ提出／■バリアフリー法の抜本改正を求める要望書を国交大臣に提出（2月に総合政策安心生活課と懇談会）
	3月	厚労省「就労継続Ａ型事業所の経営改善計画書の提出状況」公表（最低賃金支払えず，サービス事業所の指定基準を違反）／障害者基本計画（第4次）閣議決定／「地方公共団体による精神障害者の退院後支援に関するガイドライン」通知／浅田訴訟，岡山地裁で全面勝利（①岡山市の処分取り消し，②不足分96時間の介護給付費支給決定の義務付け，③慰謝料100万円＋5か月分の介護保険自己負担分75,000円の損害賠償（岡山市控訴）／障害者自立支援法違憲訴訟団と国との定期協議（第9回）	2月 ■「公的統計の整備に関する基本的な計画」の変更（案）に関する意見を総務省政策統括官（統計基準担当）付基本計画策定PTへ提出／■政府統計の利活用に関するアンケート調査に回答を提出 267の政府統計のうち，障害者関連は"医療・福祉"のみ
	4月	障害者総合支援法及び児童福祉法の一部を改正する法律施行／障害者雇用義務の対象に精神障害者が加わる，障害者雇用率の改定（民間企業2.2%，国・地方公共団体2.5%等）／障害者雇用義務の対象に精神障害者が加わる	3月 ■平成30年度障害福祉サービス等報酬改定に伴う関係告示の一部改正等に関する意見を厚労省へ提出
	7月	ギャンブル等依存症対策基本法制定（10月施行）	5月 ■政策会議「障害者権利条約パラレルレポート・JD草案報告会」世界地図にみるパラレポのくらべっこ・気になるあの国，日本では
	8月	中央省庁で従来からの障害者雇用水増しが発覚／「公務部門における障害者雇用に関する関係閣僚会議」設置／内閣府「障害者に関する世論調査」（権利条約を内容も含め知っている3.4%，知らない77.9%）	8月 ■サマーセミナー「障害のある人のいのちと尊厳を学ぶ〜あなたの中にある優生思想〜」
	10月	「公務部門における障害者雇用に関する基本方針」公表／障害年金，審査一元化による支給停止の激変回避（受給障害者，障害程度が変わらないのに支給停止の通知1,010人，国会審議で継続決定）	9月 ■障害年金について厚労省年金局事業管理課給付事業室と懇談会／■「碍」の常用漢字化の要望について文化庁文化部国語課と懇談会
			11月 ■集会「障害者のしあわせと平和を考えるシリーズ4 憲法と障害者」
	12月	ユニバーサル社会の実現に向けた諸施策の総合的かつ一体的な推進に関する法律の施行（内閣府）／浅田訴訟，広島高裁でも全面勝訴（岡山市控訴せず，判決確定）／旧優生保護法強制不妊手術国家賠償裁判，仙台地裁提訴（全国9地裁・支部提訴スタート）	12月 JDF全国フォーラム「権利条約の実施と私たちの暮らし〜『他の者との平等』をめざして」
2019年	2月	障害者自立支援法違憲訴訟団と国との定期協議（第10回）	1月 ■連続講座「国連・障害者権利条約にふさわしい施策実現を求めて！−深く潜む障害者排除の現実−私たちは，どう立ち向かうか‼」（1・2・3月に実施）
	4月	旧優生保護法に基づく優生手術等を受けた者に対する一時金の支給等に関する法律制定（一	

社会保障・社会福祉等の動向（事件等含む）	国際的な動向
4月 「地域包括ケアシステムの強化のための介護保険法等の一部を改正する法律」施行（改正社会福祉法−我が事・丸ごとの地域づくり−）／広島市のNPO法人が法人税取り消し求めた裁判（広島国税不服審判所，「課税は適法」と請求棄却） 7月 「働き方改革を推進するための関係法律の整備に関する法律」制定 10月 「2040年を展望した社会保障・働き方改革本部」設置 11月 厚労省「社会福祉法人における会計監査人に係る調査と平成31年4月の引き下げ延期について（周知）」通知	3月 障害者権利条約一般的意見第6号（第5条平等及び無差別）／平昌（ピョンチャン）パラリンピック競技大会 6月 第11回障害者権利条約締約国会議（ニューヨーク） 9月 障害者権利条約一般的意見第7号（第4条一般的義務，第33条国内における実施及び監視）
5月 「地域共生社会に向けた包括的支援と多様な参加・協働の推進に関する検討会」（第1回開催）／「2040年を展望した社会保障・働き方改革本部」とりまとめ（①多様な就労・社会参加の環境整備，②健康寿命の延伸，③医療・福祉サービスの改革による	2月 「第3次アジア太平洋障害者の十年」第5回ワーキンググループ（バンコク） 3月 国連子どもの権利委員会，第

128

		障害者施策の動向等		JD（■）及び障害団体等の主な活動
2019（平成31・令和1）年		時金320万円，総額380億円・約1万1,900人への支払い想定　個別通知なし，配偶者・遺族らは請求できず，認定審査は公平か等問題）	3月	旧優生保護法下における強制不妊手術に関するJDFフォーラム
	5月	旧優生保護法による優生手術裁判・仙台地裁原告側敗訴（違憲としながら，20年の除斥期間を理由に国賠請求棄却）	4月	■「旧優生保護法に基づく優生手術等を受けた者に対する一時金の支給等に関する法律案」衆議院厚労委員会採決にあたっての緊急声明／■「旧優生保護法に基づく優生手術を受けた者に対する一時金の支給等に関する法律」の成立にあたっての声明「国は憲法違反を認め，被害者の人権回復を！」
	6月	視覚障害者等の読書環境の整備の推進に関する法律制定／障害者の雇用の促進等に関する法律の一部を改正する法律制定（2020年4月施行，週20時間未満の障害者を雇用する事業主に特例給付金新設）／ハンセン病家族訴訟・熊本地裁（勝利判決）	5月	■政策会議「障害者権利条約　パラレルレポートの到達点と課題」
			6月	■優生保護法訴訟仙台地裁不当判決を受けて緊急声明『被害者に真の人権回復を』／JDF，障害者権利条約に関する事前質問事項用パラレルレポートを国連に提出
	11月	ハンセン病元患者家族に対する補償金の支給等に関する法律制定（2.4万人対象，2020年1月支給）	7月	■サマーセミナー「価値なき者の抹殺　優生思想−私たちはどう立ち向かうか−」／■参院選に際し行なった，各政党へ「障害者政策に関する質問」と結果公表
			11月	■「憲法−障害者権利条約とともに−深刻な実態をわかりやすく！　課題の中に新たな方向を」／養護学校義務制40年・今こそ障害児の教育権を問う全国集会
			12月	JDF全国フォーラム「障害者権利条約の完全実施をめざして〜2020年の審査・勧告でどう変わる，私たちの暮らし〜」
2020（令和2）年	5月	高齢者，障害者等の移動等の円滑化の促進に関する法律の一部を改正する法律制定	1月	■連続講座「2020年，あやうい社会保障・暗雲の全世代型−「権利条約」「基本合意」「骨格提言」を開花させるための行動を！」（1・2・3月に実施）／やまゆり園事件初公判（争点は責任能力）／「基本合意」10年全国集会（1月7日）
	7月	旧優生保護法による優生手術裁判・東京地裁原告側敗訴（違憲としながら，20年の除斥期間を理由に国賠請求棄却）	3月	■緊急要望「障害のある人のいのち・健康・くらしを守る緊急対策について」を公表し，首相・厚労大臣に提出／■声明「3.11　東日本大震災を忘れない　共に生きるインクルーシブな社会を」／■声明「津久井やまゆり園裁判員裁判の終結にあたって」
	9月	駅無人化訴訟（大分市在住の3人の障害者が移動の自由求めてJR九州を提訴）	4月	■緊急要望「障害のある人のいのち・健康・くらしを守るために」を公表し，首相・厚労大臣に提出
	11月	旧優生保護法による優生手術裁判・大阪地裁原告側敗訴（違憲としながら，20年の除斥期間を理由に国賠請求棄却）／障害者自立支援法違憲訴訟団と国との定期協議（第11回）（オンライン）	5月	■声明「障害福祉3法案の早期成立を求める」を公表
	12月	生殖補助医療法制定	6月	■第9回総会（書面審議）／■「旧優生保護法一時金支給法第21条に基づく調査への要望書」を公表し，旧優生保護法に関するワー

128

社会保障・社会福祉等の動向（事件等含む）	国際的な動向
生産性向上，④給付と負担の見直し） 6月　「成年被後見人等の権利の制限に係る措置の適正化等を図るための関係法律の整備に関する法律」制定 7月　厚労省「新たな横断的プロジェクトチームの設置について」（①就職氷河期世代支援 PT，②障害者雇用・福祉連携強化 PT，③疾病・介護予防，健康づくり実証事業推進 PT）／地域共生社会に向けた包括的支援と多様な参加・協働の推進に関する検討会「中間とりまとめ」 9月　全世代型社会保障検討会議設置 10月　消費税増税（8％→10％） 12月　全世代型社会保障検討会議「中間報告」（少子高齢化・ライフスタイルの多様化，人生100年時代の到来等をふまえ，全世代が安心する年金・労働・医療・介護等社会保障全般の持続可能な改革の方向を提案）／社会保障審議会・介護保険部会「介護保険制度の見直しに関する意見」（2025年さらに2040年を見据えて，①健康寿命の延伸，②保険者機能の強化，③地域包括ケアシステムの推進等の見直し必要）／地域共生社会に向けた包括的支援と多様な参加・協働の推進に関する検討会「最終とりまとめ」	4・5回日本政府報告書への最終所見 6月　第12回障害者権利条約締約国会議（ニューヨーク）
1月　厚労省が新型コロナウイルスに関連した肺炎患者の発生を公表／世界保健機関（WHO）が新型コロナウイルス関連肺炎に関する緊急事態宣言 2月　社会保障審議会介護保険部会「基本指針について」（2025年を目指した地域包括ケアシステムの整備，現役世代が急減する2040年を念頭に置いた第8期計画の位置づけ）／27日・首相が全国の学校に3月2日からの一斉休校を要請 3月　地域共生社会の実現のための社会福祉法等の一部を改正する法律案国会提出／やまゆり園事件の裁判員裁判で被告の死刑判決確定 4月7日　新型コロナウイルス感染拡大，緊急事態宣言（1回目　5月25日解除） 5月　年金制度の機能強化のための国民年金法等の一部を改正する法律制定（短時間労働者の厚生年金・健康保険の適用拡大―2022年10月～従業員100人以上の企業，2024年10月～従業員50人以上の企業を対象） 6月　全世代型社会保障検討会議「第2次中間報告」（フリーランスのルール整備，介護，最低賃金，医療等の検討結果の報告とともに，新型コロナウイルス感染拡大を踏まえた社会保障の新たな課題についても提案）／地域共生社会の実現のための社会福	9月　「第3次アジア太平洋障害者の十年」第6回ワーキンググループ（オンライン） 11月　第13回障害者権利条約締約国会議（ニューヨーク，オンライン）（～12月）

	障害者施策の動向等	JD（■）及び障害団体等の主な活動
2020（令和2）年		キングチーム（与党PT）座長，議員連盟会長，衆参厚労委員長に提出 ※6月以降，会議・集会はオンライン開催に 7月　■声明「2016年7月26日津久井やまゆり園事件から4年」／■代表による談話「ALS患者の『殺人』事件報道に接して」 9月　■障害者権利条約をめぐる"いま"を学ぶプロジェクト学習会第1回（第2回11月，第3回1月） 10月　■「日本学術会議への人事介入に対する声明」／■「要望書　新型コロナウイルス（COVID-19）から障害のある人のいのち・健康・くらしを守るために」を公表し，首相，厚労大臣宛に提出 12月　■JD40周年オンライン集会「国際障害者年前夜からの40年をたどり未来を展望する集い」／JDF全国フォーラム「障害者権利条約　日本の審査でこう変わる私たちの暮らし」

社会保障・社会福祉等の動向（事件等含む）	国際的な動向
祉法等の一部を改正する法律制定／聴覚障害者等による電話の利用の円滑化に関する法律制定／厚労省「成年後見制度の利用の促進に関する施策の実施の状況」まとめる 12月　全世代型社会保障検討会議「全世代型社会保障改革の方針」閣議決定（社会保障の基本は「自助」「共助」「公助」そして「絆」(互助)であることを強調,少子化対策,医療のみの改革方向を提案)	

あとがきに代えて

　本書も大詰めです．稿を閉じるにあたり，もうひと言付け加えておきます．クールダウンのような気分でながめてください．五点で簡潔に述べます．

　一点目は，読者のみなさんそれぞれで，自身が思い浮かぶ40年間の出来事や体験を本書に重ねてみてください．本書で紹介している事柄は，言わば特筆事項であり，時々の代表選手のようなものです．障害の種別や分野別に見ていくと，掲げてもいいテーマはまだまだあるはずです．ましてや地方や地域の出来事，それぞれの法人の動きに至っては，書き手の及ばない世界です．本書をベースにしながら，これにそれぞれが体験したこと，先輩から聞いたこと，知識の上での印象深い出来事などを重ねてほしいと思います．読者の手でオリジナルの補充版を作るようなイメージでしょうか．例えば，自身が関わっている団体や法人，事業所の節目の出来事を本書と合わせ見ることで，その意味付けや評価に新たな発見があるかもしれません．

　二点目は，個々のテーマ（項目）をそれぞれで深掘りしてほしいのです．登場しているいずれの出来事も，一見して「まとまりのある事象」に思えるかもしれませんが，実はそう単純ではありません．そこに至るまでには，複雑な力が働き，当初の想定とはかけ離れる場合がほとんどです．政府の重要政策でも，このようなことは珍しくありません．本書では，できる限り客観的な評価や解釈に努めましたが，それでも複雑な経過や背景までを含めると，解釈や評価はもっと多様であっていいと思います．本書を元に，自分の，あるい

は自分たちの解釈を加えてください．それを進める上で大切になるのが，関連の資料や書籍に接することです．さらに決定的となるのが仕事仲間や関係者とのディスカッションです．

　三点目は，本書の全体を通して，政策と運動，それに国際規範の関係性をとらえてほしいと思います．政策とは，障害分野に関係した法律や制度，予算のことです．運動は，障害関連団体の活動であり，政府や国会（政党），市民社会への働きかけを旨とします．国際規範は，ここでは国際障害者年関連の動きと障害者権利条約（権利条約）を指します．これらは，相互に深く関係するのです．全体として政府は抑制的で，その対抗軸にあるのが運動です．国際規範は，双方に栄養を供給するのですが，日本の場合は，運動や団体のほうがはるかに国際規範との関係が深いと思います．そう見ていくと，本書に掲げたさまざまな出来事については，個々に深めるのと同時に，40年間の全体を政策と運動，国際規範の関係性でとらえることが重要になります．そこに，大きな流れ（本文ではうねりと表現してきました）やストーリーのようなものが浮かび上がるのではないでしょうか．

　四点目は，40年間の経過を踏まえた上で，解決が急がれる基本的な政策課題を明確にすることです．本書の最初でも述べましたが，40年間でたどり着いた先は，新たな課題を臨む展望台のようなものです．ここでは，筆者が考える課題を掲げます．ただし，これを論じるには相当な紙幅が必要です．本格的には別稿に委ねるとして，項目のみを確認しておきます．ぜひ，記憶に留めておいてください．政策全体に関わるテーマを二つ，個々の暮らしに関わる具体的なテーマを二つ，計四点で表します．

　政策全体に関わっては，①障害分野に関係する統計データの集約と蓄積で，とくに人権や暮らしに関わる分野，ニーズの実態把握について統計法に基づく基幹統計に位置付けること（2022年度より，一部基幹統計に組み込まれるようになります），②政策審議システムの抜本的な改革で，あの障がい者制度改革推進会議を想起するこ

と，があげられます．個々の暮らしに関わっては，①本格的な所得保障制度を確立すること（自立生活にふさわしい年金と手当に），家族依存から抜け出すこと（民法の扶養義務制度の見直しを中心に，家族負担の解消），があげられます．もちろん，それぞれが大切にしたい課題を重ねてもらっても結構です．

　五点目は，新たな結集軸の準備，そして新たな運動の創造です．国際障害者年と権利条約は，それぞれ障害分野の国際的な拠りどころとなりました．日本の障害分野でも抜群の存在感です．これらを例えて言うと北極星のようなもので，闇夜に燦然と輝き，進むべき方向性を指し示してくれています．しかし，その国際障害者年も，設定から40年間が，権利条約も提唱から20年間が経過しました．これらに横たわる普遍的な価値の上に何を上積みすべきか，そろそろ新たな結集軸の検討に入ってもいいのではないでしょうか．その際，大切になるのが国際関係者との連帯です．もう一つの新たな運動の創造についても，この時期の大切なテーマです．権利条約がどんなに素晴らしくても，掲げられている理念や原則に自動的にたどり着くわけではありません．現に，権利条約が批准されても，障害者の置かれている実態や将来不安が解消されたわけではありません．問われるのは，権利条約で示された深い目標にふさわしい新たな運動の方法や形態を生み出すことです．そのための視座やヒントは，障害者の実態とニーズに学ぶことです．本書で掲げたターニングポイントにも潜んでいるように思います．

　途中で何度も筆が止まりました．内容面で壁にぶつかったのではなく，昔の資料に触れているうちについ脱線してしまうのです．心が懐かしさに吸い寄せられ，一時間も二時間も，関連の資料や文献に入り込んでしまうこともよくありました．資料や文献の懐かしさだけではなく，自身の「あの頃」と重なり，感傷に更けることもしばしばです．「あの頃」とは，たくさんの今は亡き先輩や友人たちとの再会であり，個人的な生活面の節々や思い出の蘇りです．

　書き始めた直後から，一つ心がけたことがあります．それは，「こなす」という書き方はやめようということです．具体的には，一日に書く範囲を，一つの小項目に限ったのです．本書関連でパソコンに向き合う日（時）は，読み込む資料も，たどる記憶も，その小項目のみに集中しました．どんどん書きこなすのではなく，一つのテーマをいろいろな角度から眺めるようにしました．それぞれの項目（テーマ）に敬意を払ったと言ってもいいかもしれません．そんなふうにしていると，あれもこれも書き加えたくなるのです．そこで，仕上げ時には，決まってどの項目も3割以上の圧縮作業を行なうことになります．こんなことを経ながら編んだのが本書です．

　最後に，本書の刊行に関わっていただいた方々に心より謝意を表します．筆者のこれまでの書籍づくり同様に，多くのみなさんに協力いただきました．企画では白沢仁さん（障害者の生活と権利を守る全国連絡協議会），増田一世さん（日本障害者協議会），資料収集では小林洋子さん（日本障害者リハビリテーション協会），原田潔さん（日本障害者リハビリテーション協会），渡部伸太郎さん（きょうされん），校正では荒木薫さん（日本障害者協議会），甲斐敬子さん（きょうされん），そして編集では渡邉昌浩さん（やどかり出版）にお世話になりました．また，巻末の年表の作成は，白沢仁さんと荒木薫さんに担ってもらいました．他にも，日本障害者協議会やきょうされんの役員，事務局のみなさんには，激励やアドバイスをいただきました．この場を借りて，あらためてお礼申し上げます．

　2021年11月

NPO法人日本障害者協議会代表

藤井克徳

【著者紹介】

藤井　克徳（ふじい　かつのり）　　　1949年福井市生まれ

［主な仕事］

1982年　東京都立小平養護学校（現在の都立小平特別支援学校）教諭退職

1982年　「あさやけ第二作業所」（東京小平市，精神障害者対象）施設長

1994年　共同作業所全国連絡会常勤事務局長（現在のきょうされん，1995年常務理事，2014年専務理事）

1994年〜2003年　埼玉大学教育学部非常勤講師　併任

［主な活動，関わってきた事柄］

1977年　共同作業所全国連絡会（現在のきょうされん）の結成に参加

1984年〜国際障害者年日本推進協議会（現在のNPO法人日本障害者協議会）役員（1997年常務理事，2014年から代表）

2004年　日本障害フォーラムの設立に参加（設立時から2018年1月まで幹事会議長）

2010年〜2012年　内閣府障がい者制度改革推進会議議長代理

2012年〜2014年　内閣府障害者政策委員会委員長代理

2014年　国連第7回障害者権利条約締約国会議日本政府代表団顧問

2017年　国連ESCAPアジア太平洋障害者の十年中間年評価ハイレベル政府間会合日本政府代表団顧問

［現在の主な役職等］

NPO法人日本障害者協議会（JD）代表，日本障害フォーラム（JDF）副代表，（公財）日本精神衛生会理事，（公財）ヤマト福祉財団評議員，（公財）日本障害者リハビリテーション協会理事，岩手県陸前高田市ノーマライゼーション大使，兵庫県明石市インクルーシブ条例検討委員会委員長

［主な著書］

『見えないけれど観えるもの』（やどかり出版　2010）／『JDブックレット1　私たち抜きに私たちのことを決めないで』（やどかり出版　2014）／『えほん障害者権利条約』（共著　汐文社　2015）／『生きたかった』（共著　大月書店　2016）／『障害者をしめ出す社会は弱くもろい』（全障研出版部　2017）／『わたしで最後にして―ナチスの障害者虐殺と優生思想』（合同出版　2018）／『いのちを選ばないで』（共著　大月書店　2019）／『障害者とともに働く』（共著　岩波書店　2020）

JDブックレット・5

国際障害者年から40年の軌跡

障害のある人の分岐点

障害者権利条約に恥をかかせないで

2021年11月24日　発行

著　者　藤井　克徳
編　者　日本障害者協議会

発行所　やどかり出版　代表　増田　一世
　　　　〒337-0026　さいたま市見沼区染谷1177-4
　　　　Tel　048-680-1891　Fax　048-680-1894
　　　　E-Mail　book@yadokarinosato.org
　　　　https://book.yadokarinosato.org/

印　刷　やどかり印刷

ISBN978-4-904185-47-6